AF310182

DES

INÉGALITÉS DE CONDITION

RÉSULTANT DE LA RELIGION

EN DROIT ROMAIN

THÈSE POUR LE DOCTORAT

PRÉSENTÉE ET SOUTENUE

le 19 Décembre 1895, à 2 h. 1/2

PAR

Édouard BOURRE

Président : M. GÉRARDIN, Professeur.

Suffragants : MM. CUQ, Professeur.
SALEILLES, Agrégé.

PARIS

V. GIARD & E. BRIÈRE

LIBRAIRES-ÉDITEURS

18, rue Soufflot, 18

1895

A la mémoire de mon Père

et de ma Mère

DES INÉGALITÉS DE CONDITION
RÉSULTANT DE LA RELIGION
EN DROIT ROMAIN

***

CHAPITRE I

> *Sua cuique civitati religio est, nostra nobis.*
>
> CICÉRON, *Pro Flacco*, 28

Au moment où elle apparait dans l'histoire, la société romaine a déjà pris sa forme définitive qui ne fera que se développer et se modifier sans changement radical. Ces temps ont été précédés d'une période de formation dont la durée ne saurait être précisée, et dont il n'est resté que des traditions plus ou moins empreintes sur le fonds de l'histoire et des coutumes romaines.

La légende de la fondation de Rome avait été fort sim-plifiée par les auteurs latins : Deux frères issus d'un Dieu et d'une Vestale exposés et par conséquent séparés de la société contemporaine, en sont les héros. L'un d'eux, Romulus, après avoir pris les augures, rassemble autour de lui un groupe d'individus sans dieux et par suite sans patrie, ni famille, leur donne une constitution et fonde la « *Roma quadrata* ».

Son successeur, Numa, leur forge une religion et la cité qui dominera le monde, semblable à l'Athéné grecque sort ainsi armée de toutes pièces du cerveau de ses deux fondateurs : le guerrier et le prêtre. Cette légende reçue par les historiens latins et par eux transmise à leurs successeurs a été fortement battue en brèche par la critique moderne. Après des suppositions quelquefois aventureuses, on est revenu à l'interprétation des textes latins et grecs : en supprimant autant que possible l'erreur qui fait voir les passés lointains sur le même plan, la chronologie artificielle qui les rapproche les uns des autres ; en intercalant des périodes quelquefois longues entre des événements considérés autrefois comme simultanés ; et ainsi on a reconnu récis beaucoup de faits conservés par la tradition. Dans toute légende il y a une partie de vérité qu'il s'agit de dégager.

Sans entrer ici dans de longues discussions qui ont été faites à propos des origines de Rome, nous nous contenterons de reproduire ce qui a été admis à peu près par tous. Au moment où le vieux Latium était une confédération groupée autour d'Albe, des bourgades s'associèrent pour bâtir sur le Palatin un « *oppidum* », refuge contre les incursions des Etrusques ou des pirates qui remontaient le Tibre. Ce fut « *Rama* » ou « *Roma quadrata* (1) » : les habitants se nommèrent « *Ramnes,* »

(1) Varron, ap. Sol. 1. 17.

Sur le Quirinal existait à la même époque un groupe de Sabins : les « Tities » ; conflit puis accord entre les deux peuplades et naissance de la cité des Quirites. La cité s'élargit et admet un troisième élément probablement Latin, celui des « *Luceres* ». Ce sont les trois tribus génétiques, leur nombre est fixé irrévocablement, la religion qui a présidé à leur réunion n'en connaîtra point d'autres.

§ I

De quels éléments se composaient ces trois tribus avant leur réunion en cité, c'est ce que nous allons chercher brièvement à connaître. La première société humaine c'est la famille ; mais chez les modernes, ce groupe est bien moins étendu qu'il ne l'était à Rome et dans l'antiquité. Chez nous le lien familial dérive de l'amour ; plus on s'éloigne de l'auteur commun, origine de la parenté, plus le lien se relâche. Chez les anciens Romains, le principe supérieur à l'instinct et à l'intérêt qui a donné à la famille sa force et sa cohésion, c'est la religion. En effet, la religion n'est pas alors un corps de doctrine avec un Dieu unique et s'adressant à tous les hommes ; à mesure que s'augmentera la série des ancêtres et des foyers à honorer, le nombre des dieux croîtra aussi ; elle est un ensemble de pratiques, un culte qui n'appartient qu'à une famille,

qu'à une tribu, qu'à une cité. Ces pratiques sont les
« sacra », observance de certains rites réglés d'une manière
absolue, obligatoires en certaines circonstances, adaptés
aux besoins du groupe pour lequel ils sont faits : cité,
tribu, curie, « gens » ou famille.

Le père, représentant du principe générateur, est le chef
du premier groupe : la famille ; il est le prêtre du culte
domestique, ses ancêtres lui ont transmis leurs pouvoirs,
son sacerdoce est inaliénable. Personne autre que lui ne
connait les rites de cette religion dont il est le pontife, il
ne les enseignera qu'à son fils qui doit lui succéder et dont
ils sont le patrimoine comme les autres biens du « *pater* ».
Pour entrer dans la famille, la femme devra être acceptée
par les Dieux « Pénates », par les ancêtres divinisés de
son mari ; et le fils en sortira par une cérémonie religieuse:
la « *detestatio sacrorum* ». C'est la religion qui présidera
aux mariages : les cérémonies et le rituel en sont soigneusement réglés. La « *confarreatio* » ou repas symbolique
pris en commun devant le foyer sacré, et la lustration
commune en sont les phases les plus importantes. La
femme quittant la religion de son père, ne doit le faire
qu'à regret, elle ne le pourrait pas de son plein gré ; aussi
on simulera un enlèvement. Par le fait de son mariage
elle entre dans les « *sacra* » de son époux, son union ainsi
consacrée sera bien le : « *Consortium omnis vitæ* » dont
parlent les jurisconsultes, « *divini et humani juris com-*

municatio » (1). La femme devient la fille de son mari et la sœur de ses enfants. Le lien que la religion a noué, la religion seule pourra le dénouer et pour une seule raison, la stérilité de l'épouse. Le « *pater* » représente une partie de la série, il ne faut pas qu'elle s'arrête, que le foyer sacré soit éteint, que les ancêtres ne soient plus honorés. Si de son mariage le mari n'a pas d'enfant continuateur de son sacerdoce, si la femme « *quam duxit liberum quaerendorum causa* » ne lui donne pas d'héritier, il aura le droit de la répudier. La stérilité est considérée comme une punition des Dieux protecteurs de la famille, ils n'ont sans doute pas voulu admettre la femme aux « *sacra privata* » ; la « *diffarealio* » désunira ce que la « *confarreatio* » avait uni, et le « *pater-familias* » redevenu libre cherchera dans une autre union des prêtres continuateurs du sacerdoce. La coutume religieuse a prévu le cas où il n'aurait pas d'enfants, l'adoption lui permettra une paternité artificielle.

L'autorité paternelle sera sanctionnée par la religion ; maître chez lui, le père sera le juge né de tous ceux qui vivent sous sa loi et dans son culte, et si l'enfant se révolte contre son autorité, l'excommunication religieuse le punira : *Sacer esto* (2). Dans les « *sacra* » l'autorité civile n'interviendra que pour en empêcher l'extinction. C'est

(1) Modestin *Reg.* liv. 1 au Dig. fr. 1, liv. XXIII, tit. 2.
(2) Festus. Voc. « *Plorare* » *Ihering*. Tom. II § 52. Note 500.

au culte que l'on reconnaitra la parenté : seront « *agnati* » tous ceux qui en remontant dans la série des ancêtres qu'ils honorent trouveront un ancêtre commun.

C'est la religion qui établira le droit de propriété.

La famille sera attachée au foyer sacré, et le foyer au sol ; l'enceinte du foyer domestique ne devra être violée par personne ; autour d'elle existera une bande de terrain inviolable et imprescriptible : « *ambitus* » ; la mitoyenneté sera impossible, et plus tard dans la Rome impériale, les groupes de maisons formeront des « *insulæ* », séparées les unes des autres par un espace d'une largeur fixée par la coutume religieuse. Pour poser les bornes de ce terrain, on fera des cérémonies religieuses, et celui qui osera déplacer le dieu Terme sera puni de l'excommunication : « *Sacer esto* », dit la loi des XII Tables. La terre est le séjour des ancêtres, c'est là que se trouve leur tombeau, et le Romain qui la vendra gardera toujours ce tombeau de ses aïeux avec un libre accès pour aller les honorer. A l'intérieur de ses limites, le droit essentiel sera encore religieux : prendre les auspices, consulter les Dieux et conclure avec eux le contrat en vertu duquel ils seront adorés en échange de la protection accordée à la famille. La fortune immobilière ainsi pénétrée de la religion est immobile, l'individu seul passe. De même que le fils a été héritier du sacerdoce paternel, de même aussi il héritera de la terre sacrée : il sera « *heres suus et neces-*

sarius » ; il n'y aura pas mutation, mais continuation de la propriété. Et si, par malheur, ce droit devait passer à un agnat, à un parent, à un étranger, la première condition pour hériter serait de continuer les « *sacra* », de telle sorte que, plus tard, quand les mœurs se sont relâchées, on a considéré comme un bonheur sans mélange « *l'hereditas sine sacris* » ; on a cherché par plusieurs moyens à tourner les préceptes de la coutume religieuse du « *fas* ».

§ II

Nous avons dit que primitivement, le fils seul comme seul prêtre héritait des biens paternels. Il arriva donc que le principe religieux familial se développant peu à peu, un nouveau groupe naquit, ce fut la *gens* ensemble de familles autonomes, portant le même nom, descendant d'un auteur commun, ayant dans le principe le même chef, les mêmes dieux, *les dii gentiles*, un culte commun, *les sacra gentilicia*, honorant le même héros fondateur. Cette *gens* a sa vitalité propre et ses coutumes : les membres se réunissent à époques fixes pour offrir les sacrifices rituels, et prendre le repas commun. Elle est, une fois organisée, propriétaire des terres (1) sur lesquelles

(1) Mommsen : *Die römischen Patricier geschlechter (Rhein Mus,* XVI) 1864. Ortolan : *Des Gentils chez les Romains (Rev. de Lég.* XI 1840), p. 257.

se prennent les auspices gentilices et se font les sacrifices; la famille proprement dite gardant la maison paternelle et le champ qui l'environne, demeure foyer et sanctuaire domestiques. La *gens* est ainsi un essai primitif de société plus complexe que la famille; c'est sa constitution qui, plus vivace, donne au droit romain primitif sa physionomie particulière.

Dans la *gens*, à côté des *patricii* ou descendants des *patres*, il y avait deux groupes inégalement partagés au point de vue religieux et civil : nous voulons parler des esclaves et des clients. L'esclave dans les temps qu'on peut nommer patriarcaux fait partie de la *familia* aux mêmes titres que les biens paternels; il est *res mancipi* participant du caractère sacré de la terre; pour employer une expression moderne, il est immeuble par destination. Servant à l'exploitation agricole, il est protégé comme la terre elle-même, une fois qu'il est mort et enseveli dans le terrain religieux, son tombeau devient sacré comme celui du patricien lui-même. Mais pour faire ainsi partie de la famille, l'esclave a dû y être admis après avoir acquis le culte et perdu sa liberté. La religion sera la chaîne qui la retiendra. Absorbé dans la personnalité du maître le *famulus* participe aux sacrifices (1). La cérémonie de son admission offre quelques analogies avec celles du

______

(1) *Ferias in famulis habento.* Cicéron : *De legibus* II. 8.

mariage ou de l'adoption ; on le fait approcher du foyer, on verse sur sa tête l'eau lustrale, et il partage avec la famille le gâteau symbolique et les fruits (1). Le maître généreux peut lui laisser une certaine indépendance : il sera alors *client* de la famille. Cette institution dont il ne reste qu'un pâle reflet à la fin de l'histoire romaine a sûrement existé avant l'organisation des cités. Quelle est son origine exacte ? Plusieurs opinions se sont fait jour ; il est probable que les clients primitifs sont des esclaves affranchis sans les formalités symboliques de la *manumissio* qui aurait brisé le lien entre le maître et l'esclave (2). La condition de ce client offrirait donc beaucoup d'analogie avec celle de l'affranchi de l'époque classique, tout en ayant cette différence à savoir : que les devoirs des clients sont héréditaires, tandis que ceux des affranchis cessent après une ou deux générations. Les uns viennent de la religion, les autres du contrat intervenu d'abord entre le maître et son affranchi que la loi supposait exister. Le client serait donc l'affranchi de l'âge patriarcal. Une fois la cité organisée, la clientèle s'accrut des réfugiés accueillis en vertu du droit d'asile (3), des émigrés mis par *applicatio* sous la protection d'un citoyen (4) ou

(1) Eschyle, *Agamemnon*, 1035-1058.
(2) Fustel de Coulanges. *Cité antique*, chap. X, page 128-130.
(3) Göttling : *Geschichte der Römischen-Staatsverfassung*.
(4) Ihering : *Esprit du Droit romain.* I, page 256.

des descendants des premiers habitants du vieux Latium (1).

Quoi qu'il en soit, le caractère religieux de la clientèle ne fait pas de doute, et là comme pour la violation de propriété, les révoltes du fils contre son père, les manquements du « pater » ou « patronus » envers son client étaient punis d'une peine religieuse (2).

La *gens* est donc un groupe essentiellement aristocratique, ce n'est que la famille élargie avec le culte du héros fondateur et des ancêtres protecteurs. Dans ce temps où l'homme ne croyait qu'aux dieux domestiques il n'existe que des familles. Quand l'idée religieuse devient plus étendue, quand on sent le besoin de se liguer contre l'ennemi commun, nous voyons apparaître la curie et la tribu, groupes, non plus naturels, mais artificiels. L'acte religieux est toujours le même : sacrifice, lustration et repas pris en commun devant la divinité protectrice. Il y aura un chef religieux, le « *curio* » ou le « *tribunus* » qui présideront à ces cérémonies et seront les juges naturels des membres du groupe qui leur est subordonné. L'union des tribus a formé la cité. Nous avons vu que Rome est la confédération formée par les Ramnes, les Tities et les Luceres. Dans cette nouvelle agrégation, nous

(1) Niebuhr. *Histoire romaine, I.*
(2) *Patronus si clienti fraudem faxit. Sacer esto* : XII Tab. ap. Servium Æ. VI. 609.

allons retrouver à la base, la religion. « A l'origine de Rome, la société est un grand corps religieux mû par ses prêtres et retenu sous leur tutelle par les engagements de la conscience (1). La fondation de la ville est faite avec les solennités requises en pareil cas : « *Vetere consilio condentium urbes* » (2). Romulus a pris les augures, choisi l'emplacement, allumé le feu sacré ; on a creusé auprès le « *Mundus* » qui communiquera avec les Mânes, et sera le centre augural de la cité. Le fondateur, tête voilée, a tracé avec la charrue au soc de cuivre (3), le sillon inviolable qui délimitera le « *pomœrium* ». Une ville nouvelle est née : elle reproduira dans son gouvernement les formes du gouvernement familial, mais aussi elle mettra en face de la religion les intérêts politiques qui l'absorberont d'abord et finiront par la détruire. Dans cette nouvelle forme de société nous trouvons à la base le culte du foyer sacré « *Vesta* » et du héros fondateur Romulus ; la religion se hiérarchise : plusieurs petits cultes sont dominés par un culte commun, en politique plusieurs gouvernements, en droit plusieurs tribunaux sont soumis au contrôle d'éléments supérieurs.

Le culte public, les « *sacra publica* », ne sera communiqué qu'aux seuls citoyens, c'est-à-dire aux chefs de

(1) Bouché-Leclercq : *Les Pontifes* : Liv. II, Chap. 5.
(2) *Tite-Live*, I, 8.
(3) Varron : *De lingua latina*, 145.

L'état normal qui est supposé exister entre la cité et ses voisins est la guerre. « *Hostis* » est synonyme d'étranger ; il n'y a donc pas de justice pour lui, car sa présence souillerait les sacrifices accomplis en l'honneur des dieux protecteurs : (1) aussi, redoutant la présence clandestine de l'ennemi, le prêtre qui préside se voile-t-il la tête dans les cérémonies. Tout objet religieux tombé aux mains de l'étranger devient profane (2). De même le citoyen romain, dont la personne est sacrée, devient lui aussi profane quand il est fait prisonnier par l'ennemi, et seule la fiction du « *postliminium* », lui permettra de recouvrer ses droits perdus : *Si captus fuerit ab hostibus parens, perdet jus liberorum*, dit le Digeste (3). L'interdiction de l'eau lustrale et du feu sacré sera la peine la plus grave : plus de culte, par suite plus de droits, ni de cité ni de famille (4) : *Cui aqua et igni interdictum est, proinde ac mortuo eo liberi desinunt in potestate esse.* Du moment qu'il n'a point de part à la religion, l'étranger n'a aucun droit ; ses enfants, ceux-mêmes qu'il pourrait avoir d'un mariage avec une Romaine, sont « *vulgo concepti* » (5). Le contrat conclu entre un citoyen et un étranger n'a

(1) *Lictor in quibusdam sacris clamitabat : Hostis exesto. Festus Exesto.*
(2) L. 56. D. XI. 6.
(3) Gaïus, I. 128-129.
(4) *Institutes*, I. 12-1.
(5) Ulp. *Rég.* XIX. 4.

aucune valeur ; le « *jus commercii* » n'existe pas entre eux, l'étranger ne peut hériter du Romain ni le Romain de lui (1) ; s'il est naturalisé, il reçoit les « *sacra* », mais sa famille ne le suit pas dans sa nouvelle condition. Bien plus, l'esclave ayant une certaine part à la religion, son tombeau est sacré, celui de l'étranger ne l'est dans aucun cas. Pour qu'il ait quelques droits, il faut que par « *applicatio* » il se mette sous la protection d'un citoyen.

Ainsi fondée sur la religion, la cité est organisée comme une église : l'homme a des devoirs envers elle mais pas de droits. Il doit voter dans les assemblées ; il doit, si les Dieux le désignent, être magistrat ; s'il n'assiste pas à la cérémonie de la lustration, partie religieuse de l'opération du cens, il sera frappé d'infamie et privé de ses droits civils. Le service divin est une institution publique, il est protégé par une obligation juridique (2). L'entrée d'une famille étrangère dans la cité est un acte extraordinaire exigeant l'observation des rites, c'est une « *cooptatio* » : *Nobilitatem plerique oriundi ex Albanis et Sabinis non genere nec sanguine, sed per cooptationem in patres habetis* (3). Cette naturalisation de la « *gens* » toute entière est assez commune dans les commencements de l'histoire romaine. La cité composée de familles est la

(1) *Gaius*, II. 110.
(2) Ihering : *Esprit du Droit Romain*, titre I., chap. 3.
(3) *Tite-Live*, 4, 4.

forme du gouvernement des peuples compris sous le nom de « *Nomen latinum* ». Du moment qu'on vient avec ses subordonnés, en tant que « *pater-familias* », se mettre sous la protection des Dieux romains, qu'on reconnait leur suprématie, l'Etat est très large dans ses admissions, aussi tolérant qu'il sera difficile pour l'individu qui n'est pas « *ingenuus* », qui ne fait pas partie d'une « *gens* ». C'est ainsi que, dès le début, les historiens nous font voir l'admission des Æmilii, des Cornelii, des Manlii, des Valerii. Suétone (1), nous raconte l'admission de la « *gens Claudia* », une des plus illustres : *Patricia gens Claudia...... Romam cum magna clientium manu commigravit....... atque in patricios cooptata, agrum insuper trans Anienem clientibus, locumque sibi ad sepulturam sub Capitolio publice accepit.*

§ III

En dehors des « *ingenui* », à côté de leurs clients et de leurs esclaves vit une foule qui n'a reçu aucune organisation à l'origine : La « *plebs* ». Plus libres que les clients, les plébéiens sont plus qu'eux séparés des citoyens primitifs. La religion qui attire les clients les repousse, eux, et refuse de se les assimiler. Comme le dit justement un auteur moderne : « Ils ont un domicile, et pas de patrie (2). »

(1) *Tibère* I.
(2) Bouché-Leclercq : *Man. des Inst. Rom.* Liv. I, chap. I.

Le problème de l'origine de la plèbe a été fortement discuté et diversement résolu : le plus probable, c'est qu'elle est une forme plus moderne de la clientèle, et que comme cette dernière, elle a plusieurs origines. Quand les « *gentes* » jouissaient d'une grande autonomie, les peuples vaincus devenaient leurs clients, les individus sans foyer domestique se mettaient sous leur protection. Quand l'Etat patriarcal fit place au régime qu'on pourrait qualifier de municipal, la conquête devint moins individuelle, ces éléments formaient la clientèle de l'Etat, ils en furent les sujets au lieu d'être ceux des « *gentes* ». On laissa aux plébéiens la liberté personnelle, mais on les exclut de tous droits religieux ou politiques. Plus tard s'ajoutèrent à ces peuples étrangers « *applicati* » les réfugiés, les clients rendus libres par l'extinction des « *gentes* », les habitants enlevés de gré ou de force aux peuples vaincus. Quoi qu'il en soit, les droits religieux semblent bien être la base de toutes les inégalités de condition, et ce sont ces droits dont ils ont été privés, que les plébéiens revendiqueront les premiers et avec le plus d'acharnement.

La plèbe apparaît ainsi toute formée dès le temps d'Ancus Martius, « le bon Ancus », qui lui apporta un fort appoint en établissant des Latins en dehors du « *pomaerium* », et dont la mémoire fut bénie par leurs descendants.

Aspirant à entrer dans la cité fermée patricienne, les plébéiens furent en effet toujours soutenus par la royauté.

Vaincus en même temps qu'elle, après des alternatives de succès et de revers, après des luttes ardentes qui dureront plus de deux siècles encore, ils finiront par se faire accepter, et l'Etat patricien fera place à l'Etat démocratique.

Le caractère essentiel d'infériorité de la plèbe primitive est bien le défaut de religion, de « *sacra privata* », de là découleront toutes les conséquences au point de vue civil et politique. Le plébéien n'a pas d'autel domestique, donc Il ne peut y introduire une femme ; pas de mariages selon les rites, pas de famille, pas d'autorité paternelle ; celle-ci dérivée de la religion et sanctionnée par elle. Le droit de propriété est tout à fait imparfait ; la terre sainte qui devrait garder le tombeau des ancêtres n'en contient pas ; elle n'a pas été bornée avec les cérémonies usitées ; le dieu Terme n'en empêchera pas la profanation par la peine religieuse : « *Sacer esse* ». Ne faisant pas partie de la cité des Quirites, son maître le plébéien n'aura pas le « *dominium ex jure Quiritium* » ; le droit sera celui qui existe sur les terres ne faisant pas partie de l'*ager romanus* et qu'on nommera l'« *in bonis habere* » . Autrement dit : la propriété du plébéien sera fondée sur une concession de l'Etat et non sur la religion des ancêtres. Pas de loi pour le plébéien : il faut aller jusqu'à Servius (1) pour trouver des lois sur la plèbe ; cela se comprend ; à cette époque

1) Denys, 4. 1-5.

la loi n'est pas encore un texte : « *lex* », c'est une coutume, et une coutume religieuse : « *fas* ». La procédure est un ensemble de rites : le plébéien ne peut pas « *lege agere* ». Puisque le plébéien n'a pas de religion domestique, il n'a pas non plus celle de la cité : son contact, dans les sacrifices aux divinités municipales, serait une souillure et on évitera sa présence avec le même soin que celle de l'étranger. Les « gentes » patriciennes s'éteignent peu à peu, la condition des clients se rapproche de celle de la plèbe ; nouvel élément de force. Les deux principes sont en présence : Deux meules superposées dont le mouvement produit la vie politique, jusqu'à ce que la plus dure : le principe plébéien, ait usé la plus fragile, le principe patricien (1).

Avant de réussir à entrer dans le culte patricien, les plébéiens cherchèrent à se créer une religion à eux. Ils adorent le dieu Quirinus, et Servius fait élever dans les différents quartiers de Rome des autels pour la plèbe. Elle peut désormais prier : « C'était beaucoup dans un pays où la religion faisait la dignité de l'homme » (2). Le champ du « *Villicus* » a un « *Lar familiaris* » (3). La constitution de ce même Servius va apporter de profondes modifications dans l'état de choses établi. Au lieu d'une aristo-

(1) Gottling : *Geschichte rom. Staatsverfassung,* p. 285.
(2) Fustel de Coulanges : *Cité antique,* ch. VII.
(5) Columelle, XI, 1, 19.

cratie fondée sur la naissance et la religion, nous verrons apparaître l'aristocratie fondée sur la fortune et le travail ; au lieu des tribus originaires, nous aurons les tribus régionales avec des fêtes ayant le même caractère : *Compitalia*, *Paganalia* ; au lieu des comices gentilices par curies, les comices démocratiques par centuries. Le plébéien qui a porté les armes pour la patrie commune, qui a pu assister aux offrandes faites dans les camps aux dieux protecteurs de la ville se sentira l'égal du patricien. La fortune mobilière fera son apparition avec la civilisation plus avancée en face de la fortune immobilière, élément stable et conservateur par excellence. Le plébéien assiste à la lustration du cens, il a pour lui le nombre.

Servius a fait des lois pour lui, il lui a distribué les terres conquises : dans la sphère du droit privé, à côté des formes patriciennes se montrent les formes populaires. A la « *confarreatio* » correspondent la « *coemptio* » et « *l'usus* » ; à l'adrogation du « *pater-familius* » l'adoption ; aux testaments faits « *calatis comitiis* », faits avec l'intervention religieuse des pontifes, les testaments « *in procinctu* », par « *aes et libram* ». La *coemptio* et *l'usus* opèreront la « *communio sacrorum* » nécessaire au mariage. On cherchera à obtenir « *l'hereditas* sans avoir les « *sacra* » et leurs pratiques ennuyeuses pour une société qui devient incrédule.

Tous ces changements tentés par la royauté tombent

avec elle. On enlève les terres aux plébéiens (1). Leurs lois sont abrogées ; les membres des « *gentes* » essaient de rapprocher leur condition de celle des clients. La fortune publique, grand élément de puissance appartenait toujours aux patriciens : les plébéiens étant fort endettés, en vertu du « *nexum* » deviennent, quand le contrat n'est pas exécuté à l'échéance, les « *addicti* » de leurs ennemis. Désespérés, ils quittent la cité et se retirent sur les montagnes voisines : Toute terre nous est bonne, disent-ils, là où nous trouverons la liberté, là sera notre patrie » (2). Les champs restent incultes, et après chacune de ces sécessions, des concessions sont faites, jusqu'à ce qu'enfin après celle du Mont-Sacré, un traité intervient entre les deux ordres : *Fœdere icto cum plebe* (3) ; et les « *Leges sacratæ* » créent le Tribunat de la plèbe. Élu sans auspices, le tribun n'est pas à proprement parler un magistrat : il lui manque le droit de traiter avec les Dieux. Sa personne est protégée comme un objet du culte par la « *Sacrosanctio* » : *Ipsis quoque tribunis ut sacrosancti viderentur, relatis quibusdam ceremoniis, renovaverunt, et inviolatos eos quum religione tum lege fecerunt* (4) ; il est un autel, un asile sacré : son autorité est une « *in-*

(1) Nonius, Liv. II.
(2) Denys, VI, 79.
(3) *Tit. Live.*, IV, 6.
(4) *Tit. Liv.*, III, 55.

lercessio » qu'il n'exerce que pour la plèbe : *Tribunus non populi, sed plebis* (1).

Quand le défenseur fut admis, quand la religion de la plèbe est organisée, le plébéien aspire à entrer franchement dans la cité : il veut pouvoir fonder une famille qui lui donne les mêmes droits qu'à celle du patricien. Déjà, en face de la dépopulation menaçante, et de l'extinction des vieilles familles, on a essayé de désarmer les riches plébéiens en faisant aux « *patres* » dits « *minorum gentium* » la concession du droit de cité : la masse de la plèbe pousse ses chefs ; c'est en vain que les patriciens se défendent en alléguant que seuls ils ont le droit de prendre les auspices et d'être propriétaires, que ce que l'on réclame est une chose « *impia* »; la loi Canuleia, rendue en 310 (2), donne le droit de « *Connubium* » entre les deux ordres ; la fusion pourra se faire désormais, et rajeunie par ce sang vigoureux du plébéien, la cité romaine, un moment arrêtée dans son développement par ces luttes intestines, reprendra son essor. Une fois dans la place, avec un esprit de suite tout romain, la démocratie briguera les charges publiques. En 387, les plébéiens, par la loi Licinia, arrivent au consulat. Ce n'est point encore assez, ils veulent, eux aussi, exercer le culte

(1) *Tit. Liv.* II. 56, 12.
(2) *Tite-Live* : IV. § 2, 6.

au nom de la cité. En 452, la loi Ogulncia leur ouvre les portes du collège des pontifes avec la majorité assurée (cinq membres sur neuf). Le premier « *pontifex maximus* » plébéien est Tiberius Coruncanius. L'union est désormais complète, les patriciens conserveront cependant les sacerdoces les plus anciens consacrés par la coutume religieuse la plus vénérable. Eux seuls pourront avoir la dignité de : Roi des sacrifices, Flamine, Salien et Vestale, honneurs autrefois importants, mais qui ne répondent plus maintenant à l'idée qu'on s'en était faite.

Le sacerdoce qui arrive peu à peu à absorber tous les autres, celui que les plébéiens briguent avec le plus d'ardeur, c'est le Pontificat. La religion de la cité organisée, l'essence de ce sacerdoce est le devoir d'accomplir, au nom du peuple, les actes extérieurs concernant le culte, puisque la religion se compose de cérémonies, de rites. Tout ce qui peut être ajouté est du superflu : « *superstitio* ». Les pontifes, directeurs de conscience du peuple romain sont des « *sacerdotes publici* ». Ils rédigent les « *Indigitamenta* », catalogue de dieux et recueil d'invocations qu'on fait remonter à Numa : *Numa deos per familias descripsit* (1). Ils veillent à ce qu'aucun citoyen n'honore d'autres dieux que ceux qui sont officiellement reconnus : *Separatim nemo habessit deos : neve novos*

(1) Lactance : *Inst.* I. 5a. 4.

sive advenas nisi publice adscitos privatim colunto (1).
Ils organisent les féries publiques et privées. Les premières ont leur place marquée dans le calendrier,
œuvre des pontifes, elles sont « *stativæ* ». Le repos est
obligatoire ces jours-là. Les « *Feriæ denicales* » sont
consacrées au culte des mânes ou ancêtres : les pontifes
assurent ainsi la perpétuité des obligations religieuses
contractées par la famille.

Dans le droit privé, ce sont eux qui sont les juges tout
désignés avant la création de la préture (2) : *Judex et
arbiter rerum divinarum et humanarum (Festus)*. On
s'adresse à eux pour apprendre comment doit s'appliquer
la loi, pour « *cavere* » (s'engager), « *agere, respondere* »
(donner des consultations), « *scribere* » (rédiger des actes).
La tradition ininterrompue de leur tribunat forme la
jurisprudence. Plus tard, quand le « *Jus* », droit mobile
et perfectible, se sera séparé du « *Fas* », droit religieux fixé
immuablement par la religion et les coutumes des ancêtres,
les pontifes auront sous leur juridiction les questions
concernant la condition des personnes, les mariages, les
adoptions, les testaments, les hérédités « *cum et sine
sacris* » : *Hæc jura pontificum auctoritate consecuta
sunt, ne morte patris-familias sacrorum memoria occi-*

(1) Cic. *De Legibus* : II. 8. 10.
(2) Frag. 2. § 6. *De orig. juris.* Liv. 1, tit. 2. D.

déret : iis essent adjuncta ad quos ejusdem morte pecunia venerit (1). Étendant de proche en proche l'obligation des « *sacra* », le tribunal examinera toutes les questions de transmission et de mutation de propriété. Par sa résistance contre les changements, il assurera jusqu'à un certain point la fixité de la loi. Son mode tout aristocratique de recrutement : la « *cooptatio* » fera place à l'élection démocratique. Pour tourner les règles du « *Fas* », on crée des comices qu'on pourrait nommer sacerdotaux. réduction des comices « *tributes* ». Ils désignaient les candidats que les collèges seraient tenus de coopter. La loi Domitia (104 avant Jésus-Christ), abrogée par Sylla en 83, rétablie en 65 par la loi Atia (2), décida que les membres des Grands Collèges sacerdotaux de l'Etat seraient soumis à ce mode à peine dissimulé d'élection.

Pour agir en justice devant le tribunat, il fallait se soumettre à un certain nombre de formalités composant le régime des « *Legis actiones* ». Cinquante ans avant la loi des XII Tables (3), le *Pontifex maximus, Caïus Papirius*, avait publié un extrait des archives des pontifes, des « *Commentarii Pontificum* ». Ce fut le *Jus Papirianum*. On y donnait les « *Leges regiæ* » venues du « *Fas* », du « *mos majorum* ». Le droit civil proprement dit de

(1) Cicéron : *De leg.*, XIX. § 48.
(2) *Dio Cassius XXXVII*, 57. Suétone. César. 13.
(5) Schwegler. *Histoire Romaine.*

la loi des Décemvirs est déjà émancipé, mais les pontifes gardaient toujours précieusement sans les communiquer les recueils de formules, la procédure. La création de la préture urbaine en 387 de Rome avait créé des conflits entre l'autorité judiciaire civile et l'autorité religieuse. En 450 de Rome En. Flavius, secrétaire d'Appius Claudius Crœcus, publia les actions de la loi (1). On le récompensa en le nommant édile l'année suivante. Son recueil fut appelé le « *Jus Flavianum* ». En 556 de Rome parut un autre recueil attribué à Ælius et comprenant : 1° Le texte des XII Tables; 2° La Jurisprudence; 3° Les « *Legis actiones* ». L'autorité du tribunal des pontifes va de plus en plus déclinant, la substitution de la procédure formulaire à la procédure des actions de la loi, va ne lui laisser que peu de chose en ce qui concerne le droit privé; il sera cependant chargé de veiller au maintien de l'intégrité de la religion. Le « *Pontifex Maximus* » directeur général du culte sera toujours fort considéré : les hommes les plus illustres brigueront cette dignité. Les empereurs s'en empareront afin de pouvoir dominer les consciences, et il faudra aller jusqu'à Gratien pour voir disparaître ce vieux sacerdoce qui, en assurant l'unité religieuse, a en même temps contribué dans la plus grande mesure à assurer l'unité civile de la puissance romaine.

(1) Tite-Live IX. 486.

§ IV

Une perturbation profonde dans l'esprit religieux a amené ces réformes importantes : les dieux domestiques ont cédé la place aux dieux de la cité : ceux-ci se modifient profondément sous des influences venues de l'étranger ; on en admet de nouveaux. L'autorité dérivant de la religion est battue en brèche en même temps que les magistratures civiles se séparent des magistratures religieuses ; le gouvernement du nombre, la loi votée par le peuple font leur apparition. La « *Res Publica* » remplace l'ordre des dieux. La propriété est fondée non plus sur des préceptes sanctionnés par des peines religieuses, mais sur le travail ; la faute n'est plus une offense à la divinité, mais aux hommes, la peine ne sera plus un « *piaculum* », mais un châtiment corporel infligé par la vengeance privée ou publique. La notion de l'Etat indépendant de la religion se dégage, cette dernière est une partie du gouvernement au lieu d'en être la base, mais à cause de son absorption même par le pouvoir civil, l'Etat interviendra dans les questions de culte, et se chargera des frais et du contrôle du culte public.

A mesure que Rome étend sa domination, elle conquiert, en même temps que le territoire ennemi, les divinités qui l'habitaient ; leur culte sera assuré à Rome. A la base

de toutes ces religions nous ne trouvons pas la croyance, et la croyance à un Dieu unique. Les dieux romains ne sont que des manifestations : « *numina* ». Pas de conflits possibles entre la religion et l'Etat. On admet ce principe qui domine tout : *Sua cuique civitati religio est, nostra nobis* (1). Vous habitez mon territoire, respectez les lois qui le régissent, qu'elles soient civiles ou religieuses. Le prêtre n'est pas séparé de la société contemporaine, c'est un citoyen quelconque, qui a été magistrat civil, général heureux, qui le sera peut-être encore demain : il représente la ville dans ses contrats avec les dieux, il est le mandataire de Rome. La religion est bien la religion d'Etat, « floraison d'un arbre dont les racines pénètrent intimement tout le corps social » (2). Cet aspect de l'unité religieuse d'un peuple aboutit à la fin de la République à faire considérer la religion comme un moyen de gouvernement. Polybe nous donne là-dessus l'opinion des gens instruits de son époque : « S'il était pos-
« sible qu'un Etat ne se composât que de sages, une insti-
« tution semblable serait inutile, mais comme la multitude
« est inconstante de son naturel, pleine d'emportements
« déréglés et de colères folles, il a bien fallu pour la do-
« miner avoir recours à ces terreurs de l'inconnu et à tout

(1) Cicéron : *Pro Flacco*, 28.
(2) Bouché-Leclercq : *Les Pontifes*, page 202.

« cet attirail de fictions effrayantes » (1). Les philosophes, les hommes d'État proclament la différence qu'il faut faire entre la religion qu'on peut avoir en tant qu'homme, et celle qu'on doit avoir en tant que citoyen : « C'est par la religion que nous avons vaincu le monde », dit Cicéron (2), c'est celle de nos ancêtres, il faut la garder précieusement. Ce n'est plus qu'un élément conservateur. La morale et la religion ont été séparées ; la première dépend du Censeur, la seconde des Pontifes. C'est le Censeur qui punira les adeptes des Bacchanales en 567, sans doute comme sectateurs d'un culte étranger, mais surtout comme fauteurs de désordres ; les uns seront mis à mort, les autres déclarés infâmes. Que deviennent les croyances du peuple à la fin de la République ? Rome est alors le rendez-vous de tous les peuples, ils y apportent avec eux leurs religions. Comment vont-ils s'accorder dans la ville qui est déjà la « *Sancta civitas* » ? Les religions anciennes, la religion romaine surtout étaient essentiellement subjectives ; chacun croyait des dieux ce qu'il voulait. Pas de dogme, mais des rites. Les mystères, en surexcitant l'imagination par des récits et des spectacles, permettaient à chacun, individuellement, de pénétrer davantage dans les mythes, et les rendaient plus profonds. L'initiation était

(1) *Polybe.* VI, 56.
(2) *De Natura Deorum* II. 2.

un drame mystique (1). Les esprits pondérés écartaient ces pratiques de dévotion : *ex quibus animi hominum moveantur* (2). Mais les cultes étrangers de Sérapis, d'Isis, de Mithra se répandaient tout de même et influaient sur les dieux nationaux. Venus de l'Orient, larges dans leurs doctrines et souples dans leurs pratiques, ils subissent des modifications en entrant dans la cité romaine. L'État, par le moyen du collège des « *Quindecimviri sacris faciundis* », exerce sur eux son droit de contrôle. Leurs prêtres élus par les curies, mêlés à la vie ordinaire sont surveillés et surveillés de près. Ces concessions mutuelles amènent les cultes à s'entendre, et dans les deux premiers siècles de l'ère chrétienne s'accomplit le mélange des religions de l'ancien monde : *Roma civitas omnium numinum cultrix* (3). Deux seulement que nous étudierons plus en détail restèrent en dehors de cette union. Ce furent le Judaïsme et le Christianisme.

Quand la république tombe, sentant que les croyances s'en vont et que la religion est un bon moyen de gouvernement, Auguste se fait donner le titre de « *Pontifex Maximus* » que garderont ses successeurs même chrétiens. Maître absolu de l'Empire, symbolisant le culte de la déesse Rome et de la puissance romaine auxquelles les

(1) Cl. d'Alex. *Protrept.* p. 12.
(2) Paul : *Sent.* V. 21. 2.
(3) Arnobe : *Adv. gent.* VI. 7.

provinciaux élèvent des autels ; confondant en lui l'autorité civile et religieuse, l'empereur arrivera bientôt à considérer sa personne comme sacrée, ses décrets comme des oracles ; et ainsi qu'on l'a dit justement, assimilé lui-même à un dieu, « il sera tenté d'imposer les dogmes comme des règlements de police, et les règlements de police comme des dogmes. (1).

(1) G. Boissier : *La Religion Romaine*. Tome I, page 110.

CHAPITRE II

LES JUIFS DANS L'EMPIRE ROMAIN
JUSQU'AU TRIOMPHE DU CHRISTIANISME

—

Nous avons trouvé jusqu'ici les Romains en contact avec des peuples de leur race, et pourrait-on dire de leur religion, car au fond les cultes de l'Italie et de la Grèce avaient une même origine ; il leur était donc facile de s'entendre sur le même terrain puisque les dogmes ne différaient que fort peu. Nous allons les voir maintenant se rencontrant avec un peuple tout autre. Le peuple Juif seul monothéiste avait été à plusieurs reprises soumis par ses voisins. Isolé dans le monde antique par sa religion exclusive, il avait été tour à tour subjugué par les Egyptiens, les Assyriens, les Perses et les Grecs d'Alexandre. Les premiers de ces peuples avaient emmené avec eux des multitudes entières, et le souvenir de ces différentes captivités restait encore vivace dans l'esprit des juifs vaincus. Dans leurs rapports avec eux, les Romains avec leur esprit large et tolérant chercheront à éviter le plus possible ce qui pourrait ressembler à des difficultés religieuses. Les Juifs étaient revenus à Jérusalem, avaient rebâti le Temple, mais leur ancienne puissance en tant que nation était bien perdue, et beaucoup d'entre eux établis dans différentes villes de l'Asie-Mineure et du bassin de la Méditerranée n'avaient gardé avec leurs compatriotes de Judée que des relations purement religieuses. L'antique royaume de David et de Salomon n'avait plus retrouvé sa splendeur d'autrefois. Alexandre avait essayé de se créer des alliés solides en respectant leurs croyances et en voulant leur donner la Samarie ; Séleucus leur avait accordé l'« *isopoliteia* » dans les villes d'Antioche et de Séleucie ; les Ptolémées d'Egypte les favorisaient de tout leur pouvoir. Révoltés contre les rois de Syrie qui ne respectaient plus leurs croyances dont ils étaient les défenseurs énergiques, les Juifs se trouvèrent en présence de la puissance romaine qui avait combattu ces mêmes rois. En 594 de Rome, un traité intervient entre les deux peuples (1) ; ils s'engageaient l'un envers l'autre à se défendre contre les agressions venues du dehors. C'était assez le système des Romains d'intervenir ainsi dans les affaires privées des nations, d'offrir leur protection aux plus

____

(1) Polybe, liv. XXXI. 12.

faibles, et de mettre plus tard la main sur le pays. En 139 av. J. C. le traité fut renouvelé par Jonathas Macchabée. Quatre traités intervinrent ainsi pendant l'espace de cent ans (1). Déchirés par des discussions intestines, les Juifs recoururent bientôt à leurs puissants alliés. Appelé par Aristobule et Hyrcan, le grand Pompée s'empara du temple de Jérusalem et imposa une contribution de guerre de dix mille talents. Il avait commis le sacrilège d'entrer dans le Temple, les Juifs s'en souvinrent à l'occasion. Il leur laissait leur autonomie, mais le roi était nommé par les Romains et à partir de ce moment, l'autorité autrefois réservée aux familles sacerdotales, livrée à toutes les convoitises, tomba entre les mains de la plèbe (2). Quelque temps après, Crassus ayant besoin d'argent pille le trésor du temple pour son expédition fatale contre les Parthes. Déjà à ce moment, les Juifs étaient établis à Rome, et Cicéron, un peu exagéré peut-être, redoutait leur grand nombre : *Scis quanta manus, quanta sit concordia, quantum valeat in concionibus* (3). Ces derniers son répandus dans toutes les villes, et il serait difficile de trouver un lieu en toute la terre qui ne les ait reçus et où ils ne soient puissamment établis (4). Ils sont en général

(1) Krebsius : *Decreta e Josepho excerpta.*
(2) Josèphe : *Ant. jud. Liv. XIV.*, Chapit. IV, p. 5.
(3) *Pro Flacco.*
(4) Strabon cité par Josèphe : *Ant. Jud. XIV.* 2.

négociants ou banquiers et envoient tous les ans un tribut au Temple de Jérusalem : *Nam pessimus quisque tributa et stipes illuc gerebat* (1). *Quum aurum Judæorum nomine quotannis ex Italia et ex omnibus provinciis Hierosolyma exportari soleret* ; Flaccus, gouverneur de Syrie, avait confisqué les prémices de l'or juif ; on l'avait accusé de concussion, et c'est dans le plaidoyer en sa faveur que Cicéron parle de cette habitude des Juifs.

Arrivent les guerres civiles ; César, sachant que son rival Pompée est détesté, fait des avances aux Juifs qui lui procurent du secours. Enfermé dans Alexandrie avec une . gion, il est permis de croire que ses fidèles alliés, fort puissants dans la ville, lui furent d'un utile secours pour le tirer de ce mauvais pas. César reconnaissant, leur permit de rebâtir les murailles de Jérusalem, les exempta du service militaire, institua Hyrcan et ses fils Ethnarques et Grands-Prêtres avec succession pour leurs descendants (2); leur remit les impôts de la seconde année et les dispensa des corvées. Une colonne commémorative fut élevée à Alexandrie (3). Rentré à Rome, il n'oublia pas ses alliés. Hyrcan étant venu en ambassade, à cette occasion il remet aux Juifs le tribut de l'année sabbatique où les terres restaient en friche. Les collèges ou « *sodalitia* » lui

(1) Tacite: *Hist.* Liv. V.
(2) Krebsius : *Op. cit.*
(3) Philon : *Légation à Caius*

portaient ombrage ; il les dissout mais il déclare maintenus ceux des Juifs (1) (45 av. J.-C.). Encouragés par cet exemple, Sardes et Halicarnasse leur accordent le libre exercice de leur culte, un quartier séparé et le droit de construire des synagogues (2).

Aussi, à la mort de César, les Juifs se montrent-ils particulièrement affligés : *In summo publico luctu, exterarum gentium multitudo circulatim, suo quæque more, lamentata est, præcipueque Judæi qui etiam noctibus continuis bustum frequentarunt* (3).

Auguste leur continua la protection de son oncle, et les dispensa de toute action civile le jour du Sabbat (4). Ce fut cependant sous son règne que la Judée fut réduite en province romaine et eut un procurateur. Les Juifs établis à Rome avaient des synagogues, et leur quartier était situé au delà du Tibre, près des jardins de César (5). C'est là qu'Horace rencontre son ami Fuscus Aristius (Sat. IV, vers 142).

La religion juive, en tant que religion au sens ancien du mot, s'accordait parfaitement avec les idées reçues alors. Sans doute on la trouvait ridicule et absurde, mais

(1) Suétone : *Vie de César*.
(2) Josèphe : *Op. cit.* XIV.
(5) Suétone : *Vie de César*, 84.
(4) Josèphe : *Op. cit.* XVI, 6, 2.
(5) Philon : *Légation à Caius*.

ce que la loi poursuivait, ce n'était pas les opinions, mais les actes religieux n'ayant pas le caractère public et national. Les empereurs se soucient fort peu, en général, de la croyance, et les Juifs occupant à Rome pour la plupart des situations assez humbles devaient facilement échapper aux difficultés. L'opinion publique, par contre, leur était tout à fait défavorable. Vivant dans des quartiers séparés, évitant soigneusement toute alliance avec les autres peuples (1), ils étaient généralement haïs et pour ainsi dire mis au ban de l'empire.

Cependant les écrivains philosophes de cette époque, représentant la partie éclairée de la population, leur reconnaissent de grandes qualités. Cicéron ne leur reproche que leur « *barbara superstitio* ». Strabon (Liv. XVI) les loue de leur amour pour la justice et la religion. Justin (2) trouve que leur religion est mêlée de justice. Caïus Norbanus Flaccus écrit aux magistrats d'Ephèse pour leur recommander les Juifs. Sous Auguste et Tibère, les affranchissements font que plusieurs milliers d'entre eux deviennent citoyens romains (3). Il y en a même qui parviennent à l'ordre équestre (4).

Sous les empereurs successeurs d'Auguste, la condition

(1) Tacite : *Hist.*, liv. V, chap. 4.
(2) *Hist. Philipp.*, liv. 56, chap. 3.
(3) Philon : *Op. cit.*
(4) Josèphe : *De Bello Judaico*, liv. II, chap. 14.

des Juifs varie beaucoup ; elle est en général très douce,
et il faut pour qu'on se départisse de la tolérance envers
eux que de temps en temps ils attirent l'attention du pouvoir. En 19 de notre ère, un charlatan juif réussit à escro-
quer de fortes sommes à une dame romaine Fulvie. Son
mari, Saturninus, ami de Séjan, dénonce les Juifs. L'escro-
querie indigne le public, et Tibère fait expulser de Rome
les sectateurs des religions égyptienne et juive ; on
brûle leurs vêtements sacrés et les instruments de leur
culte (1). Ce n'est donc pas une mesure particulière. Un
sénatus-consulte fait enrôler au loin la jeunesse juive ;
ceux qui n'abjureront pas seront exilés de l'Italie avec
défense de reparaitre à Rome : « *sub pœna servitu-
tis* » (2). Séjan, chargé de l'exécution du sénatus-consulte,
le fait avec zèle, c'est-à-dire avec cruauté ; il fait torturer
les Juifs qui refusent le serment militaire et en envoie
4.000 en Sardaigne combattre les brigands. S'ils péris-
sent à cause de la rigueur du climat, « *vile damnum* »,
dit durement Tacite (3).

Quand Séjan est tombé, Tibère se montre moins ennemi
des Juifs, il déclare qu'il ne faut rien entreprendre contre
ce peuple dont l'humeur est pacifique et dont les institu-
tions tendent au maintien de l'ordre (4).

(1) Suétone : *Vie de Tibère.* 36.
(2) Suétone : *Id.*
(3) *Annales.* II. 85.
(4) Philon : *Légation à Caïus.*

Pontius Pilatus, procurateur en Judée (31 ap. J.-C.), avait consacré des boucliers d'or dans l'enceinte de Jérusalem. On lui envoie une députation, il est fort embarrassé, car il redoute une sédition toujours à craindre chez les Juifs, quand il s'agit de religion. Le peuple écrit à Tibère, qui ordonne sévèrement au gouverneur de transporter les boucliers dans le temple d'Auguste à Césarée.

Une autre affaire, sur laquelle nous avons des détails par Philon d'Alexandrie, se produit sous le successeur de Tibère : Caligula. La situation des Juifs dans les villes de la Méditerranée était très florissante. Banquiers, industriels ou commerçants, ils avaient acquis, surtout à Alexandrie, un grand pouvoir et de grandes richesses. Très bien située pour le commerce, cette ville avait grandi vite et était devenue le centre d'affaires de l'Orient et en même temps des Juifs. Les Polémées, continuant la politique d'Alexandre, leur avaient fait toutes sortes d'avantages. Ils avaient le monopole de la navigation sur le Nil (1) et l'approvisionnement de la ville en blé. Seul, Ptolémée Philopator les persécuta. La captivité d'Egypte leur avait laissé des traditions pénibles ; ils s'en vengeaient en traitant fort sévèrement le peuple qui les détestait. Deux des cinq quartiers de la ville étaient exclusivement occupés par eux, et ils étaient dispersés dans les

____

(1) Joséphe : *Contre Apion.*

autres (1). En Egypte ils étaient arrivés, dit Philon, au chiffre d'un million, en général riches et puissants. A leur tête était un magistrat national qui avait le titre d'Alabarque, assisté d'un sénat de quarante membres élus par leurs concitoyens. L'Alabarque élu, lui aussi, appartenait généralement aux familles sacerdotales. Son nom lui venait de l'impôt perçu sur chaque tête de bétail (2). C'est dans cette situation que les Romains trouvèrent les Juifs établis à Alexandrie. Ils se gardèrent de rien changer. Auguste confirma cette organisation et l'Alabarque servit d'intermédiaire entre l'autorité romaine et la population. Sous Caligula, le gouverneur romain Flaccus Germanicus passant à Alexandrie, avait trouvé vides les greniers à blé que les Juifs devaient approvisionner. Tant qu'il fut là, la populace, fort excitée, se contint ; mais lui parti, l'animosité ne fit que grandir ; la plèbe attaque les Juifs, et Flaccus, prenant parti pour elle, fait flageller leurs magistrats sur la place publique. Retranchés dans leurs quartiers, ils font une défense énergique, et une fois Flaccus remplacé, envoient une députation à Rome. L'Alabarque était alors Alexandre Lysimaque, autrefois intendant d'Antonia, mère de Germanicus et de Claude, aïeule de Caligula. On choisit pour chef Philon, son frère, qui

(1) Philon : *Contre Flaccus*.
(2) Thomas Maugey : *Préface de Philon*.

partit pour Rome avec la députation, en 40 ap. J.-C. Caligula avait, au commencement de son règne, favorisé les « *sodalitia* » de Juifs établis à Rome ; on pouvait donc s'attendre à un accueil favorable. Il se moqua absolument des envoyés et leur fit attendre plusieurs audiences. La situation de l'ambassade devenait pénible à Rome, lorsque Caligula fut assassiné par Chéréas. Les Juifs d'Alexandrie exercèrent de sanglantes représailles sur la population adverse.

Entre temps, Petronius, gouverneur de Judée, avait reçu l'ordre d'ériger dans le Temple la statue de Caligula. Il marchait sur Jérusalem pour exécuter les ordres reçus, lorsque la nouvelle de la mort du tyran vint l'arrêter en route. Sous Claude, les Juifs sont de nouveau expulsés de Rome : *Judæos, impulsore Chresto, tumultuantes Roma expulit* (1). Les mesures violentes étaient assez inutiles ; les dissidents ainsi traités rentraient facilement : *Genus hominum in civitate nostra et vetabitur semper et retinebitur* (2). Les Juifs de Rome s'émurent fort de l'arrivée du christianisme, et ils ne sont sans doute pas tout à fait étrangers aux mesures de rigueur prises par Néron contre les chrétiens. Leur intolérance les poussait souvent à attaquer ceux qu'ils accusaient d'être des dissidents et que la

(1) Suétone : *Vie de Claude*, Chap. XXV.
(2) Tacite : *Hist.* I. 22.

loi romaine protégeait de son mieux, tout en évitant le plus possible d'intervenir dans ce qu'elle considérait comme des querelles de sectes, où elle n'avait rien à voir que pour maintenir le bon ordre. L'impératrice Poppée protégeait ouvertement les Juifs, et s'il faut en croire Josèphe elle était même prosélyte (1).

Sous Vespasien, en 79, Jérusalem est emportée d'assaut, le Temple incendié et 97.000 Juifs emmenés en captivité. Malgré la guerre, Vespasien ne prend aucune mesure particulière contre eux : tous ceux qui n'ont pas pris part à la révolte continuent à jouir des mêmes droits. L'empereur, fort sceptique et non moins avare, leur laisse le libre exercice du culte moyennant le paiement de deux drachmes par tête. L'or qu'ils envoyaient tous les ans au Temple de Jérusalem sera désormais expédié à celui de Jupiter Capitolin protecteur de la puissance romaine. Deux impôts particuliers pèsent ainsi sur eux : celui établi par le grand Pompée et celui de Vespasien. Les Juifs cessent dorénavant d'exister comme peuple, ils sont sous la domination et le culte de Rome. Domitien se montre particulièrement cruel pour eux; le fisc est impitoyable et la circoncision leur est interdite. Ceux même qui, « *improfessi* », suivent la vie judaïque sont soumis au tribut (2). Sous Nerva, prince

(1) *Ant. jud.* VIII. 2
(2) Suétone : *Domitien*, 12.

fort tolérant, il est défendu d'exercer des poursuites contre qui que ce soit pour cause d'impiété ou de vie judaïque (1). Dans les municipes et les colonies de l'Asie, les Juifs étaient fort nombreux et riches ; ils occupaient des situations importantes, aussi le même Nerva leur accorde de sérieux avantages. Il leur remet le tribut de Vespasien, il leur accorde deux magistrats décorés du nom de « *Patriarchæ* » ayant juridition, l'un sur la Babylonie et les Juifs orientaux, l'autre sur la Palestine. Ce dernier résidant à Tibériade a le titre d' « *Illustris, Clarissimus, Spectabilis* ». Ils ont charge de recueillir l' « *Apostolatus* » ou « *Aurum coronarium* » dont ils ne tardent pas à s'emparer. Ce n'est que sous Théodose le Jeune que ces charges seront supprimées.

Sous Hadrien, les idées messianiques excitent une révolte. Bar-Kokaba après une courageuse résistance est battu par Julius Severus. Jérusalem est rasée et sur ses ruines s'élève la ville d'Ælia Capitolina. Les non révoltés, comme toujours, ne sont pas inquiétés. Spartien dans sa vie d'Adrien attribue la révolte à la prohibition de la circoncision par lui confondue avec la castration (2).

Antonin le Pieux, dans un rescrit cité par Modestin (3) permet à ceux qui pratiquent la religion juive de circon-

1) Xiphilin, *Ep. Dionis.*
(2) *Vita Hadrt.* Chap. XIV.
(5) L. a. m. *Ad Leg. Corn de Sicariis.* D.

cire leurs enfants, mais il prononce des peines sévères
pour ceux d'un autre culte qui emploieront la circoncision.

Il leur permet d'arriver aux « *honores* » et même aux
magistratures dans leurs municipes, sous des conditions
qui ne répugnent pas à leur religion (1).

Pescennius Niger étant en Asie-Mineure, les Juifs
écrasés d'impôts demandent à l'empereur d'être exemptés
du « *vectigal* ». Il répond durement : « *Vos terras vestras
levari consitione vultis; ego vero etiam acrem vestrum
consere vellem* (2).

Dans la sphère du droit privé, ils jouissent de tous les
avantages de leur condition civile. Ceux d'entre eux qui
sont citoyens romains sont traités en citoyens, et quand
la constitution de Caracalla donne la cité à tous les habitants de l'empire, on ne fait pas exception pour eux. Il
résulte même d'une loi du Digeste qu'ils étaient aptes à
exercer la tutelle des personnes étrangères à leur nation (3) et a *fortiori* de leurs nationaux ; ce qui semble
nettement indiquer que pour ce qui concerne les droits
résultant de la puissance maritale, paternelle, les successions, etc., aucune difficulté ne s'était élevée.

En somme, la condition des Juifs sous les empereurs

(1) L. 5 § ult. D. *De decur*. XL. 2. Ulp.
(2) Spartien : *Pescenn Niger*, chap. VII.
(3) L. 15, § 6, XXVII, 1, D.

païens n'est pas à comparer avec celle des chrétiens ; ils ne furent l'objet que de mesures de rigueur temporaires à Rome. Dans les villes commerçantes du bassin de la Méditerranée, puissamment établis et riches, on fit plutôt des exceptions en leur faveur. En butte à la haine de la populace, ils n'en étaient pas moins sous la protection de la loi, et cela, parce qu'autrefois ils avaient été une nation, et que leur religion avait la qualité essentielle attribuée par Cicéron aux religions anciennes : elle était nationale. Alors qu'on prit contre les chrétiens d'atroces mesures d'exception, ils ne furent pas inquiétés ; ce n'est que dans les occasions où ils troublaient l'ordre public qu'on crut devoir sévir contre eux. Il n'était pas venu à l'idée des empereurs ou des jurisconsultes de les priver de tout ou de partie de leurs droits civils ; et plus tard, dans la Rome chrétienne, ils auront occasion de regretter leur ancienne situation.

Leur qualité d'habitants de la Judée, dispersés dans les villes de l'Empire, l'emporta généralement devant la loi sur celle de dissidents religieux, les seuls qui existassent réellement dans le monde antique avant l'apparition du christianisme.

CHAPITRE III

LES CHRÉTIENS DANS L'EMPIRE ROMAIN
JUSQU'A L'ÉDIT DE MILAN.

Étudier à fond la condition des chrétiens dans l'Empire païen, ce serait faire l'histoire des poursuites qui furent à différentes reprises exercées contre eux, et qu'on nomme les persécutions. Avant d'aborder cette étude qui ne peut être que fort sommaire, étant données les dimensions de ce modeste ouvrage, il serait peut-être intéressant d'examiner brièvement les armes que possédait la loi romaine en face de ces délinquants d'un genre nouveau. Avant d'en venir aux mesures exceptionnelles que l'on peut proprement appeler les persécutions, et qui ne commencèront que relativement tard, alors que les chrétiens paraissaient menaçants pour l'empire à cause de leur nombre et de leur organisation puissante, on se servit contre eux des textes de lois en vigueur, en leur appliquant les peines portées contre des crimes analogues.

Le caractère général du paganisme s'opposait directement à la religion nouvelle ; elle allait contre le grand principe admis par Cicéron et tous les philosophes anciens : elle se recrutait dans tous les pays et dans toutes les classes, elle était universelle. Tant que les Romains purent considérer les chrétiens comme des dissidents du judaïsme, ils n'intervinrent que pour remettre l'ordre lorsqu'il leur paraissait menacé, et ils les protégèrent contre les Juifs. Ceux-ci, connaissant parfaitement l'esprit des fonctionnaires eurent soin, dans leurs poursuites contre les nouveaux venus, de faire valoir auprès des autorités ce grief, que les chrétiens menaçaient l'état des choses établi. Pour obtenir de Pontius Pilatus qu'il condamnât Jésus-Christ, ils l'accusèrent nettement de révolte contre César : « Il veut se faire roi », disaient-ils. Ces accusations se renouvelèrent plus tard contre Saint-Paul à Césarée devant le tribunal de Porcius Festus. Ce dernier, aussi timide que Pilate devant l'émeute, fut tiré d'embarras par ce fait que Saint Paul, en qualité de citoyen romain, était justiciable du *consilium principis* (1).

Ulpien, nous dit Lactance (2), avait réuni dans son grand ouvrage : *De officio proconsulis*, dont il reste d'importants fragments au Digeste, les rescrits des empereurs

(1) Ed. Euq : *Le Conseil des Empereurs*, mémoires présentés à l'Ac. des Insc. 1884, pag. 516.
(2) *Div. Inst.* V, chap. XI.

contre les chrétiens. Tous ces fragments ont disparu naturellement de la refonte des lois faites par Justinien.

Plusieurs délits pouvaient être dès le premier siècle attribués aux chrétiens : en premier lieu celui de lèse-majesté, le plus près du sacrilège (1) et avec qui il semble se confondre pour les Prudents ; il ne consiste pas seulement en fait, mais aussi en « *verbis impiis* » (2), c'est-à-dire contraires aux devoirs que l'on a envers son souverain, au loyalisme ; le souverain est en effet devenu sous l'Empire, le représentant sacré de la puissance et de la divinité de l'Etat. Ulpien donne plusieurs exemples (3) qui pourraient difficilement s'appliquer aux chrétiens ; mais ces exemples ne sont pas limitatifs, et l'élasticité du mot « *Majestas* » permettait de faire entrer dans le délit puni par la loi, plusieurs griefs qui furent lancés contre eux. Les réunions illicites prévues déjà par la Loi des Douze Tables sont rapprochées du « *Crimen Majestatis* ». A un point de vue un peu différent, la pratique fréquente des exorcismes par les chrétiens de la primitive Eglise pouvait facilement être assimilée à la magie, et elle ne manqua pas de l'être en tous temps. Les accusés de cette sorte étaient soumis à des peines très sévères : on les

(1) L. 1 D. XLVIII, 4, Ulp.
(2) Paul, Sent. V. 29.
(3) Ulp. Loc. cit.
(4) Paul, Sent. V. 25, 17.

jetait aux bêtes ou on les mettait en croix. Plus tard, quand l'Eglise eut acquis une existence légale, et se distingua des chrétiens qui la composaient, on reprocha encore à ceux-ci de faire partie des associations prohibées comme n'ayant pas un but conforme à la loi. « *L'odium generis humani* » semble avoir été d'abord le grand grief de la population païenne contre les chrétiens. Il est certain qu'une enquête sérieuse eût bien vite fait voir l'inanité des accusations ; cette enquête ne parait pas avoir jamais été faite, et le magistrat romain devant lequel les délinquants étaient traduits, n'avait qu'à puiser dans l'arsenal des lois établies, et appliquer aux accusés celle qui lui paraissait le plus propre à qualifier et à punir le délit.

Les documents que nous possédons sur l'histoire religieuse des quatre premiers siècles de l'Empire sont relativement peu nombreux et d'inégale valeur. Les écrivains païens semblent avoir ignoré pendant longtemps l'existence, à côté de la société officielle, d'une autre société se développant de jour en jour, et prenant de la puissance.

Quelques mots en passant de Tacite et de Suétone sont tout ce que nous possédons sur le premier siècle. Au IIᵉ siècle, la lettre de Pline à Trajan et le rescrit de celui-ci sont des pièces dont l'authenticité, après avoir été contestée, ne parait pas aujourd'hui douteuse. La polémique de plume, commencée par les Apologistes et continuée longtemps, nous fournit au point de vue légal lui-même des renseignements précieux. A mesure que le christianisme se développe et prend de l'importance devant le monde antique, les sources sont plus abondantes. Les recueils connus sous le nom de « *Acta martyrum* », copie exacte ou à peu près des procès-verbaux rendus par les « *exceptores* » aux chrétiens, contiennent (1), quand on y puise avec discernement, des pièces d'une valeur presque officielle. Les découvertes archéologiques de ces derniers temps ont permis de reconnaître comme exactes plusieurs affirmations juridiques autrefois traitées de légendaires. Tout cela, malheureusement, ne compense pas pour nous la perte des fragments du VIIe livre du « *De officio proconsulis* », dans lequel Ulpien s'était spécialement occupé de la condition juridique du christianisme. D'une façon générale, on peut dire que sa situation dans l'Etat fut simplement tolérée pendant longtemps au moins, et que les intervalles de paix qu'on lui laissa ne vinrent que des bonnes dispositions temporaires des empereurs à son égard, ou des soucis causés par les guerres civiles et les Barbares se pressant aux frontières.

Il est facile de discerner dans l'histoire de ce qu'on est convenu d'appeler les persécutions deux périodes au point de vue juridique. Dans la première, qui commence avec

(1) Le Blant : *Acta martyrum*. Préf.

Néron pour s'arrêter à l'Edit de Septime-Sévère en 202,
les magistrats distinguant les chrétiens des juifs, se con-
tentent de leur appliquer les lois précédemment établies,
en ne punissant que les délinquants qui leur sont nomi-
nativement dénoncés. Dans la seconde, qui commence
avec Septime-Sévère et finit à l'Edit de Milan ; on recherche
les dissidents d'office, on distingue le christianisme de
l'Eglise, et les poursuites s'adressent encore plus au corps
constitué qu'aux chrétiens pris isolément.

§ 1

Le premier procès sur lequel nous ayons quelques
détails par les Actes des Apôtres, est celui de Saint-Paul.
Le grand grief contre lui et les autres disciples, c'est
qu'on les accuse d'être des fauteurs de désordres. A
Corinthe, Marcus Annæus Novatus, frère de Sénèque,
lorsqu'ils sont traduits à son tribunal, répond aux accusateurs qu'il s'agit de doctrine et que cela ne le regarde
pas (1). Saint Paul qui a fait valoir sa qualité de citoyen
romain est amené à Rome en 61. Burrhus est à ce moment
préfet du prétoire. Paul comparaît, semble-t-il, devant
Néron en personne et il est acquitté. Là encore, l'indiffé-

______

(1) *Actes XVIII. 14 et 16.*

rence en matière purement doctrinale, et la liberté de la
conscience individuelle semblent être la cause de l'acquittement, et Paul peut continuer en toute sécurité sa pré-
dication.

Trois ans auparavant, Pomponia Graecina qui, d'après
toutes les vraisemblances était chrétienne, traduite devant
le tribunal domestique comme adepte de superstition
étrangère, crime capital, est, elle aussi, absoute par son
mari et ses agnats. Le 19 juillet 64, commence l'incendie
de Rome qui dure six jours. Malgré la cruauté de Néron,
on n'ose s'avancer jusqu'à lui prêter la pensée monstrueuse
d'avoir voulu se donner le spectacle unique et grandiose
d'une ville entièrement embrasée. Le peuple qui déteste
les Juifs les accuse nettement d'avoir mis le feu. Ils
avaient une protectrice puissante en la personne de Poppée,
et il est probable que, pour se garantir du danger, ils dé-
tournèrent les soupçons sur les chrétiens. Quoi qu'il en
soit, Néron voulant lui aussi sans doute se mettre à cou-
vert devant l'opinion, ouvrit contre eux la série des poursuites. Chrétien et scélérat sont à ce moment-là synony-
mes. Tacite le déclare formellement. Ils furent, dit-il,
*haud perinde in crimine incendii quam odio generis
humani conjuncti* (1). Le dernier mot doit être (M. Cuq
en a donné la preuve) (2), substitué dans le texte à l'ex-

(1) Tacite : *Annales*, liv. XV, ch. 44.
(2) *Mélanges d'archéologie et d'histoire*, année 1886, p. 115.

pression « *convicti* » que portaient plusieurs manuscrits. Il en ressort que les personnes arrêtées comme chrétiennes furent réunies dans la même poursuite (*conjuncti*) ; que l'accusation contenait deux chefs : l'incendie et « *l'odium generis humani* », celui-ci le plus important. La réunion de ces deux chefs n'aurait pu se faire devant les *Quæstiones perpetuæ* où il y avait unité de question posée au juge ; mais devant les *Cognitiones extraordinariæ*, il n'en était pas de même. Déférés au Conseil de l'Empereur, les accusés furent condamnés à la peine des incendiaires : celle du feu (1) ; les complices étant exposés aux bêtes ou crucifiés. Dans les grandes fêtes qui furent données à l'occasion de la reconstruction de Rome, les condamnés servirent au spectacle. Les uns furent livrés aux bêtes dans une « *Venatio* », les autres, par un raffinement de cruauté, furent les torches vivantes qui éclairèrent pendant la nuit les jardins de Néron. Y eut-il dans les provinces des poursuites exercées contre les chrétiens ? Certains historiens affirment catégoriquement que oui, d'autres que non. En faveur de la première hypothèse, on s'appuie sur les arguments suivants : Suétone, dans sa vie de Néron, dit au chapitre XVII : *Afflicti suppliciis christiani, genus hominum superstitionis novæ et maleficæ* ; et ce n'est qu'au chapitre XXXVIII qu'il

(1) L. 9 D. XLVII. 9.

raconte l'incendie de Rome. Orose et Sulpice Sévère (1) prétendent que l'empereur ordonna d'exercer des poursuites contre les chrétiens « *per omnes provincias* » ; mais il est possible que ces historiens vivant beaucoup plus tard fussent inexactement renseignés. Ce qui est probable, c'est que dans les contrées où il y avait déjà de nombreux chrétiens, les fonctionnaires, pour se faire bien voir de l'empereur, suivirent son exemple ; il ne s'agissait pour eux que de la vie de quelques petites gens : « *humiliores* », et avec la latitude donnée aux juges des *Cognitiones extraordinariæ*, les supplices furent sans doute variés.

Après cet accès, les chrétiens jouirent de trente ans de prospérité (2). Confondus avec les Juifs sous les successeurs de Néron et les Flavien, ils jouirent de la tolérance qui était accordée aux habitants de la Judée établis dans les villes de l'Empire. C'est seulement dans les dernières années du règne de Domitien que nous retrouvons une persécution et peut-être n'était-elle pas dirigée exclusivement contre eux. Dans ces temps troublés, dont parle Tacite, on s'attaqua à tous ceux qui avaient des idées un peu indépendantes. Ce n'est pas cette fois à des pauvres gens que la loi eut affaire : ce fut à un cousin germain de

(1) *Hist.* II. 41.
(2) De Rossi : *Bulletin d'Archéologie chrétienne*, 1865, p. 95.

l'empereur, dont les enfants adoptés par le souverain devaient plus tard lui succéder : à Flavius Clemens et à sa femme Domitilla (1). Le mari fut décapité, la femme reléguée. A côté de ces illustres victimes, il y en eut d'autres moins connues. Domitien avait étendu l'impôt du didrachme à tous ceux qui, « *improfessi* », vivaient « *more judaïco* » ; l'impôt fut perçu par le fisc avec une grande sévérité. Les chrétiens déjà nombreux à cette époque et qu'on pouvait accuser de vie juive, se refusèrent probablement à être confondus avec leurs pires ennemis, et ce refus ne fut pas étranger sans doute à la reprise des poursuites. Y eut-il un édit spécial lancé contre eux ? non, sans doute ; la loi était assez armée, il suffisait de la mettre en vigueur. Dion Cassius parle de beaucoup de chrétiens punis de la mort ou de la confiscation, et Suétone nous apprend que Civicus Cerealis, Salvidienus Orfitus, Acilius Glabrion furent mis à mort « *quasi molitores rerum novarum* » (2); or, le christianisme de Glabrion ne paraît pas faire de doute depuis les découvertes de M. de Rossi (3). Du passage de la lettre de Pline où il dit n'avoir jamais assisté aux poursuites exercées contre les chrétiens vingt ans auparavant, il est permis de conclure qu'il y eut des martyrs un peu partout. C'est en 112 que le

(1) Suétone : *Domitien*, XV.
(2) Suétone : *Domitien*, X.
(3) *Rome Souterraine.*

lettre fut écrite, et dix-huit ans avant eut lieu la persécution dite de Domitien. Beaucoup d'*honestiores* furent décapités, puisque saint Jean dans son Apocalypse (1) parle de la décollation de ceux qui confessèrent leur foi. Appliquant la loi aux plus riches des condamnés, on confisqua leurs biens; l'affranchi Stephanus, celui-là même qui assassina Domitien, fut nommé séquestre des biens de Flavius Clemens. Nerva rappela les bannis et toléra l'exercice du christianisme en interdisant les poursuites pour cause d'impiété ou de vie judaïque.

Seul empereur depuis 98, Trajan représentait le véritable esprit conservateur et traditionnel de l'aristocratie romaine; d'une vie privée et austère, mûri dans les combats, jaloux de son autorité, il donnera le plus grand élan à la centralisation administrative et ne souffrira pas un pouvoir quel qu'il soit, qui puisse contrebalancer le sien : « Son unique idéal sera de gouverner, de ranger sous une même discipline les âmes comme les corps, le monde de la croyance et de la pensée comme le monde politique et des légions » (2).

Sous son prédécesseur Nerva (3), on avait créé un fonctionnaire spécial : le *curator civitatis*, nommé et salarié

(1) VI. 9.
(2) P. Allard : *Les persécutions.* Tome I, page 142.
(3) Marquardt, *Römische Staatsverfassung*, I, page 168. Willems : *Droit public romain*, page 525.

par l'empereur, ayant une autorité superposée à celle des magistrats électifs de la cité; il attire peu à peu à lui la réalité des pouvoirs municipaux, et surtout au siècle suivant, dirige les poursuites contre les chrétiens. Toutes les affaires vont au gouverneur, et de celui-ci à l'empereur.

Pline, envoyé en Bithynie comme consul en 111, fut tout étonné de trouver sa province en grande partie chrétienne; les temples étaient désertés, la viande des victimes immolées ne trouvait plus d'acheteurs, et la religion nouvelle s'était répandue non seulement dans les villes, mais encore dans les bourgades et les campagnes (1). Dénoncés en masse, nombre de chrétiens furent déférés au tribunal du proconsul.

Pline n'avait jamais assisté à des poursuites analogues, et la raison est sans doute celle-ci : Les poursuites pour cause de christianisme faisaient partie des « *cogniliones* » que l'empereur jugeait directement, ou dont le « *consilium principis* » connaissait son appel (2). Pline ne faisait pas encore partie de ce conseil et n'avait pas assisté à ses séances. Fort embarrassé, ne sachant si, sous le nom de christianisme, il ne se cachait pas de crime de droit commun, il en réfère à Trajan. Il a fait citer les accusés à son tribunal; ceux qui ont avoué ont été interrogés deux

(1) Pline, *Ep.* X, 97.
(2) Ed. Cuq. : *Conseil des Empereurs.*

et trois fois; ceux qui ont persisté ont été conduits à la mort. Dans l'enquête qu'il a faite, le proconsul n'a pu découvrir qu'une « *superstitio prava.* » Plusieurs de ces inculpés ont affirmé qu'ils n'ont jamais été chrétiens ou ont cessé de l'être. Dans le cas de lèse-majesté le juge, pour amener l'aveu, avait le droit de faire mettre à la torture les esclaves des délinquants. Pline n'y a pas manqué et deux femmes esclaves, dénommées par les chrétiens « *ministræ* », ont été appliquées à la question sans qu'on pût rien en tirer. Les chrétiens ont avoué s'être réunis, la nuit, dans des banquets suivis de prières en commun; mais depuis les ordres de l'Empereur concernant les hétairies, ils se sont abstenus de ces pratiques et n'ont conservé que le strict nécessaire du culte compatible avec leurs croyances. Ceux d'entre eux qui sont citoyens romains ont été envoyés à Rome.

Trajan répond qu'il faut punir ceux qui seront régulièrement dénoncés, mais ne pas rechercher les prosélytes du christianisme. On a beaucoup argumenté sur cette décision de l'empereur; Tertullien l'a accusé d'être illogique et bien d'autres après lui ont adressé à Trajan le même reproche. Au point de vue de la conscience, ils ont certainement raison; mais au point de vue strictement légal, l'empereur répondait comme aurait pu le faire un jurisconsulte; il revenait aux anciennes coutumes, alors que la poursuite d'office était très rare, et qu'il fallait une

dénonciation formelle pour que l'inculpé fût saisi et traduit en justice; il apportait une modification à la jurisprudence, en ce sens que les chrétiens étaient désormais
justiciables de la juridiction ordinaire, et par ce fait même
plus exposés aux haines populaires et locales qui pouvaient
influer sur la décision du magistrat. Un exemple entre
d'autres le fera voir : Sous Antonin le Pieux, Saint Justin
composa deux apologies, l'une en 150, adressée à Antonin
et à Lucius Verus, l'autre en 160, adressée au Sénat; il
faisait ouvertement profession de foi chrétienne ; ce ne
fut cependant que plus tard, sur la dénonciation de Cres-
centius, jaloux de ses talents, qu'il fut arrêté et martyrisé.

A un point de vue général, le rescrit fixait la jurisprudence, et la persécution, comme dit Renan, sévissait à
l'état endémique au lieu des accès temporaires des règnes
précédents. Trajan n'avait pas précisément introduit le
crime de « christianiser » (1) ; il l'avait spécifié et
qualifié.

Ce qui frappe le plus dans les poursuites de ce temps,
bien différentes de celles qui furent exercées plus tard,
c'est que, comme pour un crime ordinaire, on s'en tient
au fait lui-même ; le délit étant qualifié, le nom de chrétien avoué, l'inculpé est immédiatement condamné, à
moins qu'il ne prouve n'être pas chrétien, en sacrifiant (2).

(1) V. Duruy. *Hist. rom.*
(2) G. Boissier. *La fin du pay.*

Non licet esse christianum. Cette formule semble avoir existé relativement tôt : *Post etiam, datis legibus, religio vetabatur, palamque edictis propositis, christianos esse non licebat* (1). *De legibus primum concurram vobiscum, ut cum tutoribus legum. Jampridem quam dure definitis dicendo : Non licet esse vos* (2). *Decreverunt legibus suis ut non sint christiani* (3).

Dans cette affaire, jugée par Pline, une illégalité s'était produite. Le « *libellus* » de dénonciation n'était pas signé, ce qui évitait les peines de la « *calumnia* » lancées contre les faux accusateurs. Hadrien exigea plus tard que les dénonciations fussent signées. Sous Antonin, il y avait eu des émeutes contre les chrétiens : l'empereur ordonna de punir les émeutiers et les chrétiens en même temps.

Marc-Aurèle ne fit pas d'édits nouveaux : il se contenta de suivre la jurisprudence établie ; nous le voyons à propos des martyrs de Lyon. A l'occasion d'une grande fête du mois d'août 177, les duumvirs de la ville, en l'absence du proconsul firent saisir ceux qui avaient été dénoncés comme chrétiens, et en même temps comme auteurs de crimes de droit commun. Là aussi, les esclaves furent mis à la torture et chargèrent leurs maîtres. Au retour du légat, les accusés furent aussi

(1) *Sulp. Sév.* Chap. II. 41.
(2) *Tert. Apol.* 4.
(3) *Origène Hom.* 9.

torturés et mis en prison : *custodia publica* où plusieurs moururent. Un d'eux, Attale de Pergame, était citoyen romain : on en écrivit à Marc-Aurèle, qui répondit de supplicier les coupables. Attale et le médecin Alexandre furent décapités. Ils n'eurent pas d'avocats, ce qui se pratiquait couramment contre les chrétiens, si nous en croyons Tertullien (1). Sous Marc-Aurèle se placent aussi de nombreuses condamnations « *ad metalla* ». Sous Commode, les chrétiens jouirent d'une paix relative, grâce à l'influence de l'impératrice Marcia.

§ II

Dans cette période écoulée, le fait seul d'être chrétien, contrairement aux lois établies, constituait un délit punissable. A celui-là va se joindre celui de faire partie de sociétés illégalement constituées ; une modification profonde s'en suivra dans l'esprit des persécutions ; au commencement du III° siècle, l'Église, réunion des « Frères », se distinguera des chrétiens membres individuels.

On sait le respect profond des anciens pour les morts, et le culte des ancêtres formant la base et l'essence de la vieille religion romaine. La noblesse s'est peu à peu éteinte ; la *gens* qui réunissait dans son sein les puissants et les humbles, est presque anéantie. Déjà, aux débuts de l'em-

(1) Apol. 2.

pire, nous avons vu les associations funéraires prendre de la vigueur, et les *collegia* d'artisans déjà florissants. Les premiers empereurs s'y étaient opposés de tout leur pouvoir, mais sans réussir à enrayer ce mouvement de groupement des petits destiné à remplacer la « *gens* » dans l'esprit public. L'album de la confrérie organisée avec l'autorisation des pouvoirs, comprend deux classes : Les « *patroni* » ou protecteurs, membres honoraires et la « *plebs* » composée de « *tenuiores* », membres actifs.

L'association a, à sa tête, un « syndicus » ou « actor » qui la représente aux yeux de la loi ; une caisse : arca où les associés versent leurs cotisations. Pour la première fois aux funérailles de Pertinax, derrière les « Imagines » des ancêtres, on vit défiler les bannières des corporations ; et les empereurs de ce siècle, tous plus ou moins issus de mouvements populaires, s'appuyèrent sur ces associations puissantes. Septime Sévère permit cette organisation non seulement à Rome, mais aussi en Italie et dans les provinces (1). Les associés payaient une cotisation mensuelle, et se réunissaient de temps en temps. Il était interdit de faire partie de deux associations à la fois (2). Les confréries étaient des personnes morales ayant le droit de propriété. Les chrétiens comprirent vite les avantages qui pouvaient en résulter pour eux, et dès le III° siècle,

(1) L. 1. D. XLVII. 22. Marcian.
(2) Loc. cit. D.

l'Église était organisée complètement. A la tête, comme « *syndicus* », était le Diacre chargé de l'administration matérielle. Dans les villes de l'empire étaient organisées des associations analogues qui correspondaient entre elles et pouvaient s'envoyer des secours. C'est ainsi qu'à Rome, le collège des chrétiens était propriétaire des Catacombes, refuge pour les mauvais jours, et des églises bâties dans les cimetières. A Carthage, les « *areæ* » en plein air furent dès cette époque envahies et violées par les émeutes populaires.

Septime-Sévère, dans ses voyages, avait eu occasion de se rendre compte des progrès accomplis par la religion ; aussi, passant en Palestine, interdit-il, sous des peines sévères, de se faire juif ou chrétien (1), ce qui semble indiquer qu'il n'interdit pas, sous des peines nouvelles, à ceux qui étaient nés chrétiens, de continuer à l'être. Désormais, dans les accusations contre eux, on fera des distinctions : Ceux qui se sont convertis et ceux qui ont fait de la propagande seront poursuivis conformément au rescrit de Trajan (2) : *Secundum mandatum*. Ceux qui se sont convertis et ceux qui ont fait de la propagande seront poursuivis d'office par les magistrats sans la garantie d'une accusation régulière. Or le nombre des convertis

(1) *Spartien* : Sept. Sévère : XVII.
(2) *Tert. Ad Scap.* 4.

est plus grand que celui des chrétiens d'origine : *Fiunt, non nascuntur christiani* (1).

Sous Caracalla, l'édit de 213 qui accorda le droit de cité à tous les habitants de l'empire eut un effet indirect sur les persécutions en ce sens que désormais les accusés ne furent plus conduits à Rome dans certains cas, mais jugés dans leur pays, L'Eglise aura trente-huit ans de paix interrompue seulement par la persécution de Maximin. Alexandre Sévère ne fut pas ennemi des chrétiens; il réserva des privilèges aux Juifs (2). Partisan des corps de métiers, il eut à juger un procès assez curieux entre la corporation des « *Popinarii* » et celle des chrétiens à propos d'un terrain contesté; c'est à la dernière qu'il donna raison. Maximin s'attaqua surtout aux chefs, au pape et aux évêques, et tâcha d'anéantir l'organisation matérielle. Philippe l'Arabe était chrétien, disent quelques écrivains; quoi qu'il en soit, les chrétiens jouirent de la paix sous son règne. A l'occasion du millénaire de la fondation de Rome, il y eut une amnistie générale accordée aux exilés et aux déportés (3). Le collège des Frères Arvales disparaît à cette époque, soit qu'il ait été aboli, soit qu'il fût tombé complètement en décadence (4).

(1) *Tert. Apol.* 18.
(2) Lampride A. S. 29.
(3) L. 7. C. IX. 41.
(4) De Rossi.

Philippe mort en 249 eut pour successeur Dèce. D'après les écrivains païens, c'était un homme de mœurs douces, souverain excellent, comparable aux plus illustres des anciens (1); il fut « un homme d'autrefois égaré dans un siècle où le passé achevait de mourir » (2). Conservateur acharné, il voulut comme autrefois Trajan, qu'il n'y eût qu'une religion là où il n'y avait qu'une autorité. Sous l'influence de la religion chrétienne, les idées s'étaient modifiées ; on distinguait tout à fait le pouvoir civil de la conscience religieuse (3). Le rétablissement de la censure dont le titulaire fut Valérien, indique bien les intentions de l'empereur. Les barbares se pressaient aux frontières ; à l'intérieur l'armée était mal organisée, l'administration en désarroi. La persécution toute administrative fut conduite froidement ; c'est la première tentative de lutte sérieuse contre un état de choses qui parait menaçant pour la puissance romaine. On ne punira pas les chrétiens immédiatement, on cherchera par tous les moyens à les faire abjurer, et on assistera à ce spectacle curieux d'un juge appliquant la torture, si on peut ainsi dire, par humanité, pour empêcher la condamnation et la punition du coupable. Si le torturé n'abjure pas après une première épreuve, on

(1) Aurélius (Victor) : *Épitome* 29.
(2) Allard : *Op. cit.*
(3) Fustel de Coulanges : *La Cité antique*, Liv. V, chap. 5.

le soigne pour recommencer, et on fait appel à toutes les ressources, même à celles de la volupté (1).

D'après les documents contemporains et surtout les lettres de Saint Cyprien, voici quelle était la teneur de l'édit de Dèce : On poursuit toute la population chrétienne sans distinction, il est commandé à tous les chrétiens de se présenter dans un délai fixé devant l'autorité pour faire abjuration ; sinon, d'office, on les recherchera ; les accusés sont sommés d'abjurer, sinon condamnés à la torture, mis à mort ou exilés. Leurs biens sont dévolus au fisc. Il n'était pas besoin de dénonciation pour connaître les inculpés ; avec l'organisation de la confrérie, les noms des membres et surtout ceux des chefs, devaient figurer sur les registres de l'autorité. Les magistrats municipaux n'avaient pas le droit de glaive, ils pourront désormais prononcer des condamnations par eux-mêmes et veiller à leur exécution.

Cet édit servit de modèle à ceux qui suivirent, et ouvrit l'ère des voies d'exception introduites contre les martyrs. Outre l'habitude de ne pas donner d'avocats aux accusés, qu'ils refusaient d'ailleurs presque toujours, l'Edit semble avoir consacré la pratique déjà admise par la jurisprudence de torturer les accusés pour les faire abjurer. Dès ce moment aussi, lorsque les vierges sont traduites devant

(1) Saint Jérôme : *Vie de Saint-Paul.*

les tribunaux, on les menace de viol et on les envoie « *ad lenonem* » en cas de résistance (1). Les corps des suppliciés étaient laissés à leur famille (2) ; les juges ne se font pas faute d'empêcher par tous les moyens la sépulture de ceux qui ont été condamnés pour cause de religion. En général les « *humiliores* » furent dédaignés, on chercha à atteindre surtout les chefs.

La persécution politique par excellence, celle qui pourrait se justifier jusqu'à un certain point par le prétexte que l'État est menacé par le christianisme est celle de Valérien en 257.

D'un caractère doux et paisible, il avait dans sa maison beaucoup de chrétiens ; mais il eut aussi le tort de manquer d'initiative et de subir les influences qui l'environnaient.

On représenta que l'Église était une société bien organisée et puissante par ses grands biens et ses richesses.

Les cotisations mensuelles, les dons volontaires servent aux frais du culte, à l'entretien des cimetières, à l'assistance des pauvres. L'Église de Carthage envoie 100.000 sesterces en Numidie (3) ; le pape Étienne de l'argent en Syrie et en Arabie (4). A côté de cette société florissante,

(1) Eusèbe, VI. 2.
(2) L. 1, 2, 3, DXLVIII. 24.
(3) Cypr. Ep. 60.
(4) Eusèbe VII. 5, 2.

les finances de l'Etat romain périclitaient, et les païens croyaient que les administrateurs de l'Eglise devaient avoir de grandes richesses accumulées par eux dans leur gestion : qu'il y avait une réserve d'or et d'objets précieux. L'argent joue toujours un grand rôle dans les imaginations populaires. Bien que l'Edit de 257 n'existe plus, on peut facilement reconstituer son texte. Dèce avait exigé une abjuration formelle de la religion chrétienne, précédant le sacrifice aux dieux nationaux ; moins absolu, Valérien demande seulement le sacrifice, laissant aux inculpés la faculté d'adorer le Christ individuellement. On doit faire main-basse sur les chefs, envoyer ceux qui refuseront de sacrifier en exil. Mais toute assemblée, l'entrée des cimetières sont interdites sous peine de mort. Le pouvoir met les biens de la communauté sous séquestre, ce que Dèce n'avait pas fait. Voilà désormais les chrétiens convaincus d'un crime prévu déjà par les lois : celui de participation à une association illicite. Le délit qui eût paru naguère le plus important est devenu le moins sérieux sous les empereurs politiques : la participation d'autant plus dangereuse qu'elle a été abritée sous le nom de corporation légale (1). Quiconque établit un collège illicite est traité comme le brigand qui s'empare à main armée d'un temple ou d'édifices publics (2); crime de sacrilège ana-

(1) L. 1. XLVII. 22. D.
(2) D. loc. cit.

logue à celui de lèse-majesté ; la torture est appliquée à tous (1) ; les honestiores sont décapités, les humiliores livrés aux bêtes ou brûlés vifs. L'impiété n'entraine que l'exil, et encore pour les membres seuls du clergé ; la conscience collective traitée de conjuration est punie de mort pour tous.

En juillet 258, Valérien, dans un décret adressé au sénat, prend de nouvelles dispositions. Les évêques, les prêtres, les diacres sont décapités ; les matrones sont dépouillées de leur fortune et exilées ; les sénateurs, les nobles, les chevaliers perdront leur rang et leurs biens ; si, après confiscation, ils persistent à se dire chrétiens, ils seront aussi décapités ; les Césariens (serviteurs de la maison impériale) seront punis de confiscation et deviendront « *Servi publici* ». A son décret, Valérien a joint un modèle des lettres qui seront envoyées aux gouverneurs des provinces (2).

Cet acte, communiqué de Byzance au sénat, modifiait la situation des chrétiens d'une façon singulière ; pour les membres du clergé, outre la peine de mort substituée à celle de l'exil, on leur ôte une garantie accordée à tous ; leur identité constatée, ils sont immédiatement mis à mort. *In continenti animadvertantur* (3) ; pas d'inter-

(1) L. 1. XLVIII. 4. D.
(2) Cyprien. Ep. 80.
(5) Cyp., *loc. cit.*

rogatoire, pas de jugement régulier, pas de sentence motivée ; c'est la mort par mesure administrative. Une mesure administrative encore dépouille de leur rang les sénateurs, « *egregii viri* » et chevaliers ; privés de cens par la confiscation de leurs biens, ils ne pourront plus faire partie de l'ordre équestre ou sénatorial. On comprend que Valérien ait demandé au sénat l'approbation de ces mesures nouvelles ; c'était lui demander de frapper de déchéance une partie de ses membres. Il y a désormais incompatibilité entre le service de l'Etat et la qualité de chrétien. L'édit ne prononce pas la peine de mort contre les Césariens ; esclaves de l'empereur, leur sang doit être ménagé ; on les traitera cependant durement ; inscrits dans la population servile des domaines du fisc, les fers aux pieds, marqués au front, ils travailleront dans les champs. On ne parle pas de la classe la plus nombreuse, celles des « humiliores » ; on suppose que l'édit de l'année précédente suffira, et que une fois les chefs de l'Eglise et les riches mis à mort ou dépouillés, ils se disperseront d'eux-mêmes. Valérien, fait prisonnier par les Perses, a pour successeur Gallien qui rend un édit de pacification, et reconnaît pour la première fois l'existence légale du christianisme en tant que religion. Eusèbe nous a conservé la substance de cet édit (1). Il rendait en termes exprès la

(1) Eusèbe. *Hist.* VII, 13.

liberté du ministère aux chefs des Églises et aux membres
du clergé. Des rescrits réglèrent les détails d'exécution.
Il y en eut de deux sortes : les uns adressés directement
aux évêques pour les remettre en possession des biens
religieux que le fisc avait saisis ; d'autres pour faire rendre
les cimetières qui avaient été occupés, et qui, la persécution cessant, revenaient de droit au collège des « frères » (1).
Il est probable aussi qu'en dehors de ces restitutions
l'édit en fit d'autres aux condamnés à la confiscation, par
voie administrative, avant toute condamnation comme les
Césariens ; et à ceux qui avaient eu en vertu de la loi leurs
biens saisis comme convaincus de lèse-majesté.

Aurélien, fils d'une prêtresse de Mithra, favorisa lui aussi
longtemps les chrétiens. Un fait qui prouve que l'autorité
romaine connaissait bien l'organisation de l'Église, c'est
l'affaire de Paul de Samosate. Il persistait à occuper
l'Église d'Antioche et ses dépendances. L'évêque orthodoxe se présenta devant l'empereur et demanda, en qualité
de seul légitime propriétaire, la restitution des édifices
détenus illégalement. Aurélien déclara que le bien en
litige devait appartenir à ceux qui sont en communion avec
l'évêque de Rome et les évêques d'Italie (2). Il reconnaît
aux catholiques seuls la propriété corporative et Paul fut
expulsé « *manu militari* ». Vers la fin de son règne

(1) De Rossi.
(2) Eusèbe VII, 30.

cependant, en 274, Aurélien rendit un édit de persécution contre les chrétiens ; mais il n'introduisait, semble-t-il, dans les mesures prises rien d'intéressant ou de nouveau ; il était déjà mort lorsque son édit parvint aux extrémités de l'empire.

Après Aurélien, il y a encore une trêve assez longue entre le pouvoir civil et l'Eglise ; les difficultés extérieures et les guerres entre les prétendants empêchent les empereurs de s'occuper de la question religieuse. Ce n'est que sous Dioclétien que s'ouvre la période dite : Ère des martyrs ; dernière lutte la plus longue et la plus acharnée entre les deux religions.

Pour cette série de poursuites les renseignements, toujours fort rares chez les auteurs païens, abondent chez les écrivains chrétiens Eusèbe et Lactance. Ce dernier surtout, dans son ouvrage sur la *Mort des Persécuteurs* fournit des détails minutieux. Du VIIe au LIIe livre de son ouvrage, il s'occupe presque exclusivement du temps de Dioclétien. Sans doute il y a dans son œuvre bien des détails difficiles à contrôler ; sans doute aussi, dans la forme surtout, il est excessif pour les appréciations ; mais quand on compare ce qu'il dit du caractère de Dioclétien et de Maximien avec le peu que l'on sait par Aurélius Victor et Eutrope, on ne peut absolument l'accuser de mauvaise foi et de fausseté. On pourrait plus justement se demander comment il a connu les desseins de Galerius et de Dioclétien, si on ne savait qu'au moment des édits il était à Nicomédie, occupant une fonction élevée dans l'Instruction publique, et que plus tard il fut précepteur du fils de Constantin, et par conséquent, mieux à portée que quiconque de connaître les dessous de l'histoire et les révolutions de palais.

Après le meurtre d'Aper, assassin de Numérien, Dioclétien fut proclamé empereur. Eloignés par leurs croyances des fonctions civiles, les chrétiens en grand nombre étaient soldats. Sébastien qui fut plus tard percé de flèches et décapité était chef de la première cohorte prétorienne, et dans l'entourage de l'empereur, les chrétiens étaient nombreux. Sans abroger les édits portés par ses prédécesseurs, Dioclétien toléra tout au moins longtemps chez ses serviteurs les croyances que dans certaines provinces de l'Empire on poursuivait toujours. Toutes les fois cependant qu'un chrétien était dénoncé, on lui appliquait les lois établies. C'est ainsi que Maximien marchant contre les Bagaudes fit décimer trois fois, puis égorger toute une cohorte de Thèbes, en Egypte, qui avait refusé d'offrir, avec l'armée, un sacrifice militaire.

En 292, le 1er mars, la Constitution fut modifiée, et à côté des deux Augustes Dioclétien et Maximien, il y eut désormais deux Césars avec succession éventuelle au pouvoir suprême : Galerius et Constance Chlore. De 292 à 300, l'Empire est en paix, et les empereurs promulguent

des lois de toute nature, destinées à réformer les mœurs.
Jusqu'en 303, on ne fait aucun édit nouveau contre les
chrétiens ; mais dans les provinces placées sous le gouvernement direct de Maximien et de Galerius, on applique
les traditions anciennes et on recherche les dissidents.
Galerius, attaché à la vieille religion païenne vient auprès
de son beau-père Dioclétien à Nicomédie, et lui expose les
dangers que faisaient courir à l'Etat tous ces athées et
magiciens qu'on dénomme chrétiens. L'invasion et la
démolition de l'église de Nicomédie, le 27 février 303,
précéda l'édit du lendemain : les assemblées chrétiennes
sont absolument interdites, les temples du culte nouveau
seront abattus; les livres qu'ils contiennent ou que les
membres du clergé possèdent seront brûlés; les chrétiens
de rang élevé perdent leurs privilèges et deviennent
infâmes. Ceux qui, de rang inférieur, persisteront à se
dire chrétiens deviendront esclaves; ces derniers ne
pourront jamais être affranchis (1). Cet édit est évidemment fait sur le modèle de celui de Valérien; ainsi, les
membres de l'aristocratie sont dégradés; mais, sur certains points, la législation est aggravée, sur d'autres,
adoucie. Les édifices religieux ne sont pas seulement
confisqués, mais détruits, les chrétiens seuls de la maison
de César devenaient *Servi publici*, maintenant, tous en

(1) Eusèbe VIII. a. 4.

sont là ; et de plus les esclaves sont à jamais voués à la servitude.

L'infamie prononcée par ces deux édits contre les chrétiens de haut rang est-elle une nouveauté ? Tertullien, dans deux passages de ses œuvres, semblerait prouver que non. Dans son livre : *De Fuga* (1), il affirme nettement qu'ils figurent de son temps sur les registres de la police, à côté des comédiens, des « *Lenones* » et en général des catégories de professions notées d'infamie ; puis, dans son *Apologétique* (2), commentant la lettre de Pline à Trajan, il dit que plusieurs ont été « *gradu pulsi* » ; il est vrai d'ajouter que ce détail n'est pas dans la lettre que nous possédons. Il est permis de croire que dès les premiers siècles cette 'note d'infamie était appliquée à ceux que la rumeur publique accusait d' « *Odium generis humani* » et que, dans plusieurs contrées, avec la latitude qui leur était donnée, les gouverneurs romains qui ne se faisaient pas faute de les condamner pour faire du zèle purent aisément, par simple mesure administrative les faire inscrire comme suspects sur les registres de la police. Quant à conclure à une mesure générale, il est difficile de le faire ; en tous cas, à partir de Valérien, les chrétiens dénoncés furent infâmes, et par suite, inca-

(1) *De Fuga* XIII.
(2) *Apol.*, Chap. III

pables d'agir en justice contre qui que ce soit, même pour injure, adultère ou vol (1). On prit même des mesures pour s'assurer que les plaideurs étaient bien païens, en exigeant d'eux un sacrifice aux dieux de l'Empire avant l'ouverture de l'action (2). Une mesure qui n'est pas nouvelle dans la législation, mais qu'on mentionne spécialement, est celle de détruire les livres religieux qualifiés par les païens de livres magiques. Dans tous les procès pour magie, on devait ainsi prendre bien soin d'empêcher la propagation des mauvaises doctrines (3).

Là où l'édit est plus doux, c'est pour le délit de religion lui-même. Nulle part la peine de mort n'est prononcée, on ne parle pas du clergé puni de l'exil en 257, de la mort en 258 ; de même les chrétiens de l'aristocratie ne sont plus soumis à la peine capitale en cas de refus d'abjurer après leur dégradation.

L'édit avait été déchiré par un chrétien de haut rang ; traduit en justice, pour crime de lèse-majesté et devenu *humilior* depuis les nouvelles dispositions de la loi, il fut brûlé vif. Après les deux incendies de Nicomédie, Dioclétien fit mettre à mort plusieurs de ses serviteurs, et jeter à la mer leurs cadavres pour empêcher toute manifestation de sympathie de la plupart de leurs correligion-

(1) Eusèbe. VIII, 2, 4.
(2) Lactance, 15.
(3) Paul. *Sent.* V. 18, 25. L. 4, § 1, D. X. 2.

naires (1). Après ces accès, on en revint bientôt à la lettre même de l'édit, et les chrétiens furent simplement punis de mort civile.

La recherche des livres religieux nous est surtout connue en Afrique, où la question dite « des traditeurs » donna naissance au schisme des Donatistes. Après l'amnistie des Vicennales en 304, la persécution recommença, mais on s'occupa surtout de la fermeture des églises et des réunions illicites ; et encore, suivant les dispositions des gouverneurs de province, les chrétiens sont-ils plus ou moins tourmentés.

Après l'abdication de Dioclétien et de Maximien en 305, la mort de Constance en 306 et son remplacement par Constantin, Galère fait revivre les édits. Il ordonna de mettre à la torture tous les accusés, même les « *egregii* », et les gouverneurs prirent l'habitude de laisser les suppliciés sans sépulture. C'est alors aussi que les chrétiennes menacées du déshonneur se suicident pour y échapper ; on oblige les chrétiens à faire partie des troupes de gladiateurs ; on prend des mesures pour que les denrées vendues au marché soient aspergées d'eau lustrale, pour que tous les acheteurs ou vendeurs fassent un sacrifice aux dieux : on envoie des instructions spécialement dures aux magistrats ; les chrétiens sont réellement mis hors la loi.

(1) Eusèbe VIII, 6, 4.

Il est difficile de se reconnaitre au milieu de ces décrets, lancés un jour, révoqués bientôt ; appliqués par les uns, négligés par les autres. A un moment donné il y a six empereurs. En 311, Galerius rend un édit de tolérance, que Lactance nous a transmis après l'avoir copié sur le texte original (1) : Après avoir avoué son impuissance à ramener ses sujets à la pratique de l'ancien culte, l'empereur permet aux chrétiens d'exister et de tenir leurs assemblées pourvu qu'il n'y soit rien fait contre le bon ordre. Un édit postérieur doit donner aux magistrats la ligne de conduite à suivre. Après la mort de Galère, et la lutte entre les compétiteurs à l'empire universel, Constantin et Licinius restés seuls en présence, publient en 313, à Milan, l'édit qui accorde à tous la liberté religieuse si nécessaire après ces longues et sanglantes luttes.

L'édit de tolérance de Galère n'avait été appliqué que dans une partie de l'empire romain ; l'édit de Milan embrassera toutes les provinces.

Lactance (2) nous a transmis le document officiel à l'exception du préambule. Dans la première partie, l'empereur accorde à tous la liberté de pratiquer la religion qu'il leur plaira, et aux chrétiens en particulier la suppression des conditions que les rescrits précédents avaient mises à l'exercice de leur culte. De religion tolérée ou per-

(1) *De Morte Pers.* 35.
(2) *De Morte pers.* 35.

sécutée, la religion chrétienne devient ainsi religion licite, c'est-à-dire l'égale du paganisme. Le pouvoir renonce à la surveiller et les mesures de police de 311 sont formellement abrogées. Ces dispositions posent pour l'avenir les principes auxquels obéira l'État dans ses rapports avec les chrétiens ; mais il s'agit aussi de revenir sur le passé et de détruire ce qui a été fait par les empereurs païens, c'est l'objet de la deuxième partie de l'Édit.

Si les lieux de réunion confisqués ont été aliénés par le fisc ou les particuliers, ils seront restitués sans indemnité, sans répétition de prix, sans délai, sans procès. Ceux qui les ont reçus en dons ou même achetés doivent les rendre aussi promptement que possible, et s'adresser pour leurs réclamations au préfet de la province. Outre ces lieux d'assemblée, le corps des chrétiens avait d'autres biens ; ils devront être rendus aux corporations ou communautés. Des mesures analogues avaient été prises autrefois, mais seulement quand les biens étaient devenus la propriété du fisc ; maintenant les particuliers eux-mêmes seront obligés à restitution.

L'Église est nettement séparée des particuliers. Pour ceux-ci, après son triomphe sur Licinius, Constantin s'en occupa. En 323, il met en vigueur en Orient l'édit de Milan, et cherche à effacer les traces de la persécution. Tous les condamnés obtiennent une « *restitutio in integrum* ». Les exilés, les relégués, les condamnés aux mines sont déclarés libres et rappelés dans leur patrie (1). Ceux qui ont été abusivement inscrits comme décurions sont rayés de l' « album ». Ce qui, au siècle précédent eût été considéré comme une peine est maintenant une récompense. C'est ainsi que, sous la persécution de Dèce, un certain Dorymédon a été sur l'ordre du magistrat rayé de l' « album » et traduit en justice comme un simple plébéien. Ceux qui ont perdu en qualité de chrétiens leur grade dans l'armée, ont le choix ou d'y être réintégrés, ou d'échanger l' « *ignominiosa missio* contre une *missio honesta* » leur donnant droit aux privilèges des vétérans. Les biens enlevés aux chrétiens sont restitués par les tiers qui ne peuvent en retenir que les fruits déjà perçus (2). Les héritiers des condamnés à une peine capitale ou entraînant la confiscation héritent des prédécédés : quand il n'y a pas d'héritiers l'Eglise du lieu où ils ont souffert est appelée à la succession (3). On accorda même des subsides aux évêques pour rebâtir leurs églises. Toutes ces mesures ne faisaient qu'appliquer pratiquement les principes que l'Edit de Milan avait proclamés dix ans auparavant ; aussi ce dernier reste-il la vraie date d'une modification profonde dans la façon dont l'Etat comprendra la religion. Le christianisme qui embrasse toutes les nations prendra

(1) Eusèbe : *Vie de Constantin II*, 3o et suiv.
(2) Eusèbe : 157.
(3) Eusèbe : 56.

la place d'un culte exclusif et national ; malheureusement les successeurs de Constantin n'imiteront pas toujours sa modération pour le paganisme vaincu, et traiteront inégalement leurs sujets suivant qu'ils seront orthodoxes ou dissidents.

CHAPITRE IV

RÉGIME DU CODE THÉODOSIEN

———

Le principe de la liberté de conscience admis par Constantin allait contre toutes les traditions de la République et des premiers siècles de l'Empire. La question religieuse laissée à la libre appréciation de chacun était une nouveauté trop hardie, pour qu'elle pût s'introduire sans luttes, pour qu'elle eût même quelques chances de réussite. Les partis un moment calmés, n'avaient pas désarmé, loin de là ; les païens sentaient qu'ils avaient encore pour eux le nombre et le souvenir des gloires passées, surtout en Occident ; ils étaient tout disposés à favoriser le retour aux vieilles traditions. Les chrétiens triomphateurs de la veille n'avaient pas dépouillé les passions humaines : l'esprit de vengeance inévitable les poussait à opprimer à leur tour, les discussions qui les divisaient déjà profondément n'étaient pas faites pour leur donner le calme. Eux aussi sentaient grandir leur influence ; bien dirigés, bien gouvernés, ils avaient sur leurs adversaires les avantages de la cohésion administrative. Vainement Constantin et ses successeurs essayèrent de mettre l'Église en tutelle ; son pouvoir et son influence grandissant de jour en jour obligèrent, peu à peu, le pouvoir civil à capituler et à adopter les vues qu'elle avait sur le gouvernement des hommes. L'État et la Religion furent donc de nouveau confondus, sauf par quelques empereurs qui voulurent tenir la balance égale pendant un certain temps, mais furent emportés par le mouvement.

Les dispositions prises par les empereurs concernant la religion se trouvent à peu près toutes dans le Code Théodosien, et le livre XVI est en entier consacré à étudier les rapports que l'état catholique doit avoir avec le clergé ou les dissidents de toute nature. Nous examinerons donc rapidement quelle fut sous les empereurs chrétiens jusqu'à la fin du règne de Théodose II la condition faite aux Païens, aux Hérétiques, et en dehors d'eux aux Juifs.

§ 1

LES PAÏENS

L'édit de Milan avait consacré le triomphe définitif du christianisme sur ses adversaires ; l'État était devenu chrétien et bientôt catholique. Dès 313, le clergé devient un corps privilégié exempt de la plupart des obligations de la vie civile (1) : l'Eglise entre pour ainsi dire dans les cadres de l'administration. Les évêques convoqués par l'empereur en conciles sont défrayés sur la route de toutes les dépenses et voyagent aux frais du trésor public. Plus tard les prêtres sont dispensés non seulement des charges civiles, mais encore des impôts du commerce (2) eux, leurs femmes et leurs enfants (3) ; les évêques sont soustraits en toute cause, criminelle ou civile aux tribunaux séculiers (4), mais le culte autrefois national n'est pas aboli pour cela et demeure toujours officiellement organisé. Les monnaies continuent à porter des emblèmes païens ; les sacrifices se font comme jadis dans les camps. Ce qui est interdit, ce sont les superstitions privées, les pratiques occultes. Un aruspice, même appelé, n'a pas le droit de franchir le seuil d'une maison sous la peine du feu (5). Si les habitants ont besoin d'avoir recours à ses lumières, ils n'ont qu'à se rendre aux autels et aux temples publics. Exception est cependant faite pour les pratiques concernant les remèdes, les invocations contre la pluie ou la grêle, en général tout

(1) Eusèbe. *Hist.* X. 7
(2) Loi 8, XVI, 2, C. Th.
(3) Loi 10. cod. loc. C. Th.
(4) Loi 12. cod. loc. C. Th.
(5) L. 1. IX. 16. C. Th.

ce qui ne fait pas tort à l'honneur et à la santé des humains (1). Dans le cas où la foudre frapperait un palais impérial, Constantin ordonne de consulter officiellement l'oracle; la réponse sera portée à sa connaissance pour qu'il n'y ait pas le moindre doute sur l'interprétation de la réponse des dieux. Soit calcul, soit conviction de sa part, Constantin ne crut donc pas devoir, surtout dans les premiers temps de son règne mettre fin à la politique d'apaisement qu'il avait inaugurée ; mais il voulait avant tout éviter les désordres et ce qui aurait pu ressembler à une tentative d'indépendance ; les consciences sont libres, la manifestation extérieure du culte est réglementée et en cela l'empereur ne fait que suivre les traditions de ses prédécesseurs.

On s'expliquerait aujourd'hui difficilement l'intervention de l'autorité dans ces questions de l'ordre le plus privé, si on ne savait que de tout temps en Orient elles ont été à l'état aigu. Dans les provinces orientales de l'Empire la centralisation administrative ne s'obtenait pas facilement. Les civilisations superposées avaient toutes laissé des traces de leur passage, la vie municipale intense rendait l'intervention gouvernementale à la fois nécessaire et difficile. Les esprits inquiets s'occupaient beaucoup des discussions théologiques; dans ce siècle de foi nouvelle intense qu'est

(1) L. 5. cod. loc. C. Th.
(2) L. 1. XVI. 10. C. Th.

le quatrième siècle, ce fut une fureur chez les esprits cultivés de se livrer à des dissertations sur les problèmes les plus ardus de la religion. On se rend au sermon comme au théâtre pour y applaudir ou y siffler l'orateur (1). Les séditions étaient autrefois fréquentes dans les provinces éloignées à propos d'impôts ou de fonctionnaires peu populaires; aujourd'hui on saisissait le prétexte religieux : païens et chrétiens, catholiques et schismatiques se livraient des combats parfois sanglants. Le gouvernement luimême masquait souvent sous la religion des entreprises d'un autre genre, de sorte qu'on assiste à ce spectacle curieux d'individus poursuivis pour magie et paganisme que l'Église des chrétiens cherchait à protéger contre les accusations du pouvoir civil.

Constantin persécuta-t-il réellement les païens, et interdit-il le libre exercice de leur culte? Cette question fort discutée est loin d'être résolue d'une manière formelle, d'autant que le premier empereur chrétien fit maintes fois preuve d'indécision à ce sujet. En Occident, il lui eût été difficile après les massacres des siècles précédents, et en présence du grand nombre de gens pratiquant encore la vieille religion, de faire œuvre de réaction et d'exercer des représailles officielles. Les païens d'ailleurs étaient assez nombreux en certains endroits pour aller contre les

(1) Gr. de Nazianze, Or. XXII.

instructions données aux magistrats, et nous trouvons au Code Théodosien une loi qui prononce des peines contre ceux d'entre eux qui essaieront d'entraver la libre pratique du christianisme (1), ce qui nous prouve à l'évidence que les païens étaient assez remuants dans certaines villes. Il est difficile de se reconnaître en présence des témoignages contradictoires d'auteurs tous dignes de foi.

Eusèbe dans sa vie de Constantin, dit au Livre II, chap. 45, qu'il y eut une loi interdisant formellement les sacrifices païens et l'érection des statues ou des temples. De même, au Livre III du même ouvrage, il raconte avec force détails la destruction des temples et des statues des dieux; il nous présente les faits comme une mesure générale et administrative prise et mise à exécution dans toute l'étendue de l'Empire.

Sozomène (2) dit aussi qu'il est interdit de sacrifier, de consulter les devins, de se faire initier aux mystères, d'élever des statues ou de célébrer les fêtes païennes. Optat assure qu'il était défendu aux païens de se livrer à la pratique de leurs « sacrilèges ». Théodoret prétend qu'on ferma les temples sans les détruire (3).

Enfin, les fils de Constantin dans leurs lois insérées au

(1) Loi 5, XVII, 5, C. Th.
(2) I. 18.
(3) V. 20.

Code Théodosien font plusieurs fois allusion aux mesures prises par leur père pour justifier leur intervention contre les païens. En face de cette opinion qui tendrait à nous représenter Constantin comme un persécuteur et en toutcas comme un politique inhabile, on invoque à juste titre le témoignage non suspect du païen Libanius ; et nous possédons encore quantité d'inscriptions de cette époque relatant la dédicace ou la reconstruction d'édifices religieux anciens. Eusèbe lui-même semble se contredire, puisque, citant la loi par lui traduite du grec en latin, il s'exprime en ces termes : « Ceux qui sont engagés dans les erreurs du paganisme doivent avoir le même repos que les fidèles. Si quelqu'un jouit de la lumière, qu'il s'en serve pour éclairer les autres, sinon, qu'il les laisse en repos » (1). Les pontifes païens jouirent des immunités qui étaient accordées au clergé chrétien ; le culte païen lui-même était subventionné par l'Etat, la loi de 331 protège les flamines et les prêtres du vieux culte contre les prétentions d'un municipe d'Afrique (2); celle de 337 les exempte des charges de l'annone et pour que le souvenir en demeure impérissable, une des dispositions de la loi ordonne qu'elle sera gravée sur des tables d'airain (3).

(1) *Vie de Const.* II, 56.
(2) Loi 21, XII, 1, C. Th.
(3) Loi 2, XII, 5, C. Th.

Comment concilier entre eux ces témoignages également dignes de foi ? On a prétendu qu'il ne s'agissait dans les édits prohibitifs que des sacrifices privés (1) ; l'édit dont parle Eusèbe, reproduisant pour l'Orient les dispositions de celui de 319 pour l'Occident, défendrait simplement la superstition et les pratiques magiques. Mais les paroles d'Optat et de Théodoret sont formelles. La vérité paraît être comme aux temps passés dans la grande latitude laissée aux accusations contre les dissidents. Dans certaines contrées avec des magistrats dévoués au nouvel état de choses on s'empressa de saisir toutes les occasions, et malheureusement certaines pratiques des païens ne prêtaient que trop le flanc au reproche d'immoralité. Ajoutons à cela que les désordres étaient constants, que les chrétiens dans les pays où ils étaient en majorité forçaient souvent la main à l'autorité. De plus, nous voyons au Code Théodosien quantité de rescrits visant les magiciens : les pratiques de l'aruspicine, l'habitude de consulter les entrailles des victimes pour connaître l'avenir devaient être confondues avec la magie. La loi contre la superstition fut appliquée avec rigueur, et c'est ce qui a pu faire croire à des contemporains qu'il en était partout de même que dans leurs provinces. En Occident et surtout à Rome, les païens plus nombreux et appartenant aux premières

(1) Labastie : *Ac. des Inscrip.* t. XV.

classes de la société se défendirent mieux qu'en Orient contre les accusations de leurs ennemis. Le gouvernement impérial favorisa les conversions au christianisme en prodiguant ses faveurs aux convertis; mais malgré tout, Constantin ne voulut et ne put sans doute pas aller contre la volonté de la majorité de ses sujets. Le paganisme blessé à mort conservait encore des forces vivaces.

Tout en méprisant les cérémonies païennes, lors d'un voyage qu'il fit à Rome, l'empereur écrivait aux corporations de ne pas se grever inutilement par des emprunts, exceptant cependant une dépense qui lui paraissait légitime et même nécessaire, celle de la construction des temples (1). Ce rescrit rendu vers la fin de sa vie tend fortement à nous prouver que tout en étant chrétien de cœur, Constantin, au milieu de ses hésitations, tenait à maintenir vivaces parmi les sujets, les principes de tolérance religieuse qu'il avait inaugurés.

Après sa mort, ses fils semblent pendant un certain temps avoir conservé sa politique et sa manière de voir; ils s'efforcent de faire preuve d'impartialité et de tenir la balance égale entre tous les cultes. Les violations de sépultures étaient fréquentes à cette époque; les honneurs rendus aux morts étaient toujours la base de la religion païenne, des chrétiens trop zélés brisaient les tombeaux.

(1) Loi 5, XV, 1. C. Th.

En 340, Constant rendit à Milan un édit déclarant que tout homme saisi démolissant une sépulture serait condamné aux mines (1) ou à la déportation, suivant qu'il serait ou non muni de la permission du propriétaire. La peine fut adoucie neuf ans plus tard et ne consista qu'en une simple amende. En Orient, Constance attaquant les magiciens et tout ce qui peut ressembler à leurs pratiques, prononce les peines de la torture et de la mort contre ceux qui, membres de la cour de l'empereur, auront eu l'audace de consulter les aruspices (2). La liberté de pratiquer leur religion est ainsi restreinte pour les fonctionnaires païens, tandis que par une loi promulguée plus tard, l'empereur confirme les privilèges accordés par son père au clergé chrétien (3).

En 341, Constant veut abolir la « *sacrificiorum insania* » (4), qui semble s'être emparée de ses sujets; il désire que toute superstition soit abolie. Que l'on admette ou non l'opinion qui veut qu'il ne s'agisse ici que de sacrifices secrets ou de réunions nocturnes qui se seraient multipliées dans ces temps troublés (5), il est à peu près sûr que la défense resta lettre morte en Occident surtout,

(1) Loi 1, IX, 17. C. Th.
(2) Loi 6, IX, 16. C. Th.
(3) Lois 13 et 14, XVI, 2. C. Th.
(4) Loi 2. XVI. 10. C. Th.
(5) Labastie. *Op. cit.*

en ce qui concerne l'exercice public du culte païen. Bien loin de chercher à détruire la vieille religion, l'empereur exige que l'on conserve précieusement les monuments qui l'ont autrefois consacrée ; ce n'est d'ordinaire pas ainsi que procèdent les persécuteurs. En 342, Catullinus, augure et préfet du prétoire, lui avait écrit pour lui demander ce qu'il devait faire des monuments qui environnaient Rome, fort nombreux et dont l'entretien était coûteux. Ne serait-il pas possible d'en démolir quelques-uns ? L'empereur dans son rescrit, lui répond : quoique la superstition doive être détruite, les temples seront conservés intacts par raison politique et sociale ; parce que plusieurs ont été l'origine de « *ludorum circensium vel agonum* » et qu'il serait injuste de priver le peuple romain de ses plaisirs (1). L'empereur, toujours souverain pontife quoique chrétien, veille avec soin au maintien des anciennes traditions.

Constant assassiné par ses soldats, Magnence, pour se rendre populaire, leva l'interdiction des sacrifices secrets. Bientôt vaincu et réduit à se tuer, il laissa le trône à Constance accouru d'Orient pour venger son frère, et qui régna de 353 à 361. Pendant ces huit années de paix, l'empereur put donner à la politique religieuse une direction facile à saisir. Sans bien comprendre peut-être la

(1) Loi 5, XVI. 10. C. Th.

révolution profonde opérée par l'avènement du christianisme au pouvoir il continue les idées de son père, mais il a comme lui bien des hésitations, et sa conduite n'est pas toujours dictée par l'intérêt bien entendu de ses sujets. L'année même de la défaite et de la mort de Magnence, dans un rescrit adressé à Cérealis « *Præfectus urbi* » à Rome, il retire par mesure administrative la permission accordée par l'usurpateur de pratiquer les sacrifices nocturnes (1). Il allègue les désordres que ces sortes de cérémonies ne manquent pas de produire.

Nous trouvons au Code Théodosien au même titre 10, qui concerne les païens, deux lois sur lesquelles on n'est pas arrivé à se mettre d'accord. La loi 4 ordonne catégoriquement de fermer tous les temples et d'en interdire l'accès, la loi 6 défend de pratiquer les sacrifices païens sous peine de mort. Ces deux lois ont-elles été réellement promulguées sous le règne de Constance ou bien faut-il admettre avec Labastie et plusieurs autres (2) qu'elles ne figurent dans le Code que par suite d'une erreur des compilateurs du Code Théodosien ? Les inscriptions datant de cette époque semblent prouver jusqu'à l'évidence que Constance ne s'était pas départi de l'impartialité ou si l'on aime mieux des hésitations de son père, touchant la question religieuse. Des sacrifices publics et officiels

(1) Loi 6 XVI. 10. C. Th.
(2) Beugnot, de Broglie.

eurent certainement lieu sous son règne, et lui-même lorsqu'il vint à Rome en 357 prit plaisir à visiter les temples de Jupiter Capitolin, de la Ville et du Panthéon (1). De plus, la loi 4 n'est pas datée, et dans la loi 6 le nom du magistrat à qui devait être adressé le rescrit est laissé en blanc. En tout état de cause, si elles furent promulguées, on ne semble pas en avoir beaucoup tenu compte dans les États de l'Empire, surtout en Occident où la vieille religion avait encore de profondes racines dans le peuple. Ce qui prouve le respect qu'on avait ou qu'on faisait semblant d'avoir pour le paganisme, c'est le rescrit de Constance en 358, rescrit adressé à Marcianus, vicaire de l'empereur en Afrique. Certains prêtres païens étaient élus par leurs fidèles; pour relever le prestige de leur sacerdoce, Constance veut qu'il soient élus par l'assemblée des avocats de la province, et que ceux-ci puissent nommer même des juges.

L'année précédente, il avait rappelé les anciennes punitions contre les violateurs de tombeaux ; elles sont graduées depuis l'amende jusqu'à la mort (2).

Cette année même attaquant la passion de ses sujets pour les pratiques superstitieuses, dans une loi adressée au peuple (3), il interdit de consulter les devins sous peine

(1) Ammien Marc. XV. 10.
(2) Loi 4, IX. 17, C. Th.
(3) Loi 4, IX. 16, C. Th.

de mort. Les devins eux-mêmes sont passibles de peines cruelles ; tous ceux qu'on saisira seront mis à la torture et crucifiés. Ceux qui nieront le crime dont on les accuse, seront déchirés par des ongles de fer. Les magiciens et devins sont, comme autrefois les chrétiens, accusés d' « *odium generis humani* » et des crimes qui s'en rapprochent ; comme eux « *pulsant propemodum majestatem* ». Sans doute, dans plusieurs provinces, avec l'autorité souveraine dont ils jouissaient, les fonctionnaires de l'empire purent appliquer aux païens les lois rendues contre les devins. Mais Constance ne semble pas avoir directement attaqué le vieux culte, et l'empereur ne se sentait pas encore assez fort pour vaincre les résistances possibles et même probables. Il fit cependant enlever du Sénat, la statue de la Victoire qui donna lieu plus tard à un débat resté fameux. Elle fut du reste remise en place par Julien. Ce prince favorisa la réaction païenne en essayant d'organiser, si on peut s'exprimer ainsi, une Église païenne ; il persécuta mais assez mollement les chrétiens, et fit restituer aux temples de l'ancien culte, les terres autrefois confisquées par Constantin et ses fils qui s'en étaient servis pour exciter le zèle de leurs sujets en les leur donnant comme récompense des services rendus. Jovien, successeur de Julien, qui ne vécut pas longtemps, proclama pendant son règne si court, la liberté des religions. Bien que sa loi de tolérance ne figure pas au Code Théodosien, le témoignage des historiens est unanime.

Son successeur Valentinien Ier fut, de tous les empereurs chrétiens, celui qui comprit et protégea le mieux la liberté des consciences. Son passé franchement chrétien, pouvait laisser supposer aux païens qu'il serait pour eux un ennemi acharné. Il n'en fut rien : « Les lois que j'ai portées au commencement de mon règne, dit-il, me sont témoins que j'ai laissé à chacun la liberté de suivre et de pratiquer la religion qu'il lui plairait : nous n'interdisons pas même la pratique des aruspices, pourvu qu'elle s'exerce sans nuire à personne (1) ». Valentinien avait sans doute compris que le paganisme était encore vivace au cœur de ses peuples, et qu'après tout mieux valait être modéré si on voulait éviter une réaction comme celle de Julien. Aussi laissa-t-il les choses en état et voulut-il, suivant l'expression d'Ammien Marcellin, « *medius stare* » (2) tenir la balance égale entre les deux religions qui se disputaient encore la suprématie.

Les lois qu'il porta à ce sujet montrent que l'empereur ne se désintéressait pas absolument de la question pécuniaire. Nous avons vu que Constantin et ses fils avaient souvent saisi les biens des temples pour en faire des

(1) Loi 9, IX. 16. C. Th.
(2) Liv. 50, chap. 9.

largesses ; Julien avait restitué ces biens ; Valentinien les reprend, mais pour son propre compte, et les adjuge définitivement au domaine privé (1). Dans son désir d'être impartial autant que possible, Valentinien prend des mesures de tout genre. Il dispense les soldats baptisés d'être de garde à la porte des temples païens ; il défend que l'on condamne les chrétiens à combattre dans le cirque comme gladiateurs. Les sacerdoces chrétiens donnant de sérieux avantages, et les charges municipales étant de plus en plus lourdes, les ordinations devenaient trop nombreuses. L'empereur décide que le sacerdoce n'exemptera plus des charges publiques, à moins que le décurion, fait prêtre, n'abandonne ses biens à son ordre. Ce qui prouve mieux que tout les dispositions de Valentinien pour l'ancienne religion, c'est la loi du 18 juin 371 : Ceux qui parviendront aux sacerdoces de province, graduellement et par ordre, après acquittement de leurs charges, non par faveur ou en mendiant les suffrages, mais par leur travail, après avis unanime de tous les citoyens, si l'ordre entier l'approuve, ceux-là seront tenus pour privilégiés : ils jouiront du repos auquel ils ont droit, leur corps sera à l'abri de ces injures que les « *honorati* » ne doivent pas subir. Ils seront même pourvus des honneurs des ex-comtes, honneurs donnés

(1) Loi 8. X. 1. C. Th.

aux citoyens qui ont fait preuve de zèle et de probité en administrant les intérêts publics (1). Les pontifes païens sont donc exempts de toutes les charges de la curie ; il est interdit de les mettre à la torture et on leur décerne des honneurs exceptionnels. Les empereurs païens, les plus zélés, ne furent jamais aussi généreux que le chrétien Valentinien. Voyant que le clergé chrétien était dispensé des charges curiales, l'empereur tenait à montrer son esprit d'impartialité ; il dépassait même le but et faisait pencher la balance du côté du paganisme en accordant à ses prêtres les honneurs des comtes. Son frère Valens, en Orient, était loin d'imiter son exemple. Théodoret nous assure qu'il laissa la plus entière liberté aux païens, et que sous son règne ils purent se livrer aux pratiques de leur culte (2) ; mais il n'imita pas cette réserve pour les catholiques qui ne partageaient pas ses opinions religieuses. Il défend (3) aux curiales de se consacrer à la vie monastique, qui avait pris en Orient, en Egypte surtout, un grand développement ; le comte d'Orient est chargé de rechercher les réfractaires dans les couvents, de les enlever de force et de les ramener dans leurs villes municipales. Le service militaire est une obligation civique, on contraint à le faire les moines qui n'ont pas

(1) Loi 75. XII. 1. C. Th.
(2) Liv. V, chap. 21.
(3) Loi 65. XII. 1. C. Th.

abandonné leurs biens à la curie. On les traite de lâches. L'exécution de l'édit, confiée à des agents pleins de zèle, fut faite dans les provinces de Valens, avec une grande vigueur et souvent avec une cruauté bien inutile.

S'ils laissèrent les païens en paix, les deux frères poursuivirent tous les deux avec acharnement les devins et ceux qui croyaient à leurs présages. Dans ces poursuites, furent souvent impliqués des personnages de haut rang : il était trop facile d'accuser les païens ; on n'y manqua pas, mais, chose curieuse, des chrétiens eux-mêmes furent l'objet des poursuites. On prit des mesures atroces contre les magiciens. Rome et toute l'Italie tremblaient. La loi du 29 mars 371 mit un terme à cette persécution et sépara nettement la pratique des aruspices, toujours permise pour le bien de l'Etat, de l'art magique toujours sévèrement prohibé. C'était rassurer complètement les païens qui, un moment, avaient pu se croire menacés par les mesures prises, et qui retrouvaient, par cette loi, la sécurité nécessaire pour se livrer à une des pratiques essentielles de leur culte.

Valentinien avait été un empereur antique, son successeur Gratien se jeta dans les bras de l'Eglise. Le chemin parcouru depuis l'Edit de Milan est déjà considérable. Constantin avait proclamé l'égalité des religions devant la loi : ses successeurs continuant sa politique n'osaient pas trop attaquer ouvertement la religion qui fut celle de leurs ancêtres, et pourtant Valentinien le plus impartial d'eux tous en est réduit à donner des explications à ses sujets : il essaie de leur persuader que les lois contre les magiciens n'ont jamais visé les païens et que ceux-ci jouissent de la plus grande liberté, ce qui nous indique trop clairement que des fonctionnaires zélés ne s'étaient pas fait faute de confondre les deux choses.

Après la mort de Valentinien en 375, son fils Gratien lui succéda en Occident. Valens tué dans une bataille contre les Goths en 378, Gratien se sentant trop faible pour gouverner seul l'immense territoire de l'empire, s'associa un général déjà fameux : Théodose. A la nouvelle de la mort de son oncle, Gratien avait marché sur l'Orient, et arrivé à Sirmium lancé un édit qui rappelait les évêques catholiques exilés par Valens, et laissait aux chrétiens la faculté de se rassembler dans leurs églises (1).

Gratien avait été élevé sous les yeux de son père ; on pouvait donc espérer qu'il suivrait la même ligne de conduite que lui à l'égard des dissidents. Le paganisme était encore, officiellement du moins, religion nationale ; on offrait toujours dans les temples les sacrifices au nom. « *totius generis humani* » ; les rites païens étaient encore les rites romains par excellence ; Gratien va changer tout cela et déclarer franchement la guerre à une religion

(1) Socr. V. 2. Loi 2. Cod. Th. XVI, 6.

surannée qui ne vit plus guère, même chez ses plus fidèles partisans, que de souvenirs d'un temps qui n'est plus. L'Etat devenu franchement chrétien et catholique ne peut plus supporter à côté de lui de volontés différentes ; on revient malgré tout à ce qui fut le vrai génie romain : une seule volonté et un seul culte. Le régime tout moderne inauguré par Constantin n'avait produit qu'une situation indécise, et comme le dit un auteur (1) : « Les situations indécises n'ont qu'un temps. Les fictions légales sont comme une écorce qui se dessèche peu à peu, au travers de laquelle la vérité pousse et à un moment donné se fait jour ».

En 382 un acte se produit, peu important en lui-même, mais qui nous montre bien la voie où les empereurs allaient désormais s'engager : ce fut l'enlèvement de la statue de la Victoire de la salle des séances du Sénat Romain. Malgré les protestations de la majorité païenne et des écrivains fidèles encore aux vieux souvenirs, la décision impériale fut maintenue. Enfin Gratien rompit tout à fait avec les traditions du passé dans une circonstance qui le compromettait à jamais aux yeux de ses sujets païens. L'empereur représentant autorisé de la divinité romaine était toujours Grand Pontife, et les prédécesseurs chrétiens de Gratien n'avaient pas osé refuser cet honneur, ou peut-

______

(1) De Broglie : *L'Eglise et l'Etat au IVe siècle*, 2me partie, tome 2.

être ne s'étaient pas encore sentis assez forts pour le faire. A son avènement, le collège des Pontifes partit pour la Gaule afin de lui offrir l'honneur suprême qui lui appartenait de par la vieille coutume religieuse. Gratien refusa nettement en disant que la robe pontificale était un ornement qui ne convenait pas à un chrétien (1).

Sous son règne, les domaines appartenant aux temples sont définitivement saisis et attribués au fisc : les privilèges accordés aux prêtres païens sont révoqués : les pontifes ne pourront désormais pas se créer un domaine considérable : les legs autres que les legs mobiliers seront nuls et de nul effet (2). Ainsi, par une seule loi, l'empereur supprime définitivement les prérogatives de l'ancien culte.

Trahi par ses soldats, fait prisonnier par Maxime qui avait pris la pourpre, Gratien fut massacré, mais Théodose le vengea et resta seul maitre de l'empire.

L'acte le plus important du règne de Gratien au point de vue qui nous occupe avait été la saisie des biens des temples païens, il n'eut pas le temps d'exécuter complètement son projet, Valentinien II et Théodose s'en chargèrent. Sur cette question pourtant si importante, et qui attaquait l'organisation matérielle du paganisme, qui

(1) Zoz. IV, 36.
(2) Loi 20, XVI, 10, C. Th.

cherchait, si nous osons nous exprimer ainsi, à lui couper les vivres, les historiens chrétiens sont muets. Honorius qui en 415 publia une loi contre l'ancien culte, se conforme, dit-il, aux décrets du divin Gratien. Tous les biens de quelque nature qu'ils fussent, furent réunis au domaine privé : on fit cependant exception pour ceux qui servaient à payer les frais des jeux publics, ou qui appartenaient à des corporations religieuses. Les biens ainsi confisqués en droit, sinon en fait, furent sous le règne de Théodose véritablement livrés au pillage. Le domaine s'empara des plus productifs ; les autres servirent à entretenir les armées, furent donnés à des églises chrétiennes ou à des particuliers : certains furent même envahis par des hommes puissants.

Malgré ces mesures fiscales qui en laissaient prévoir bien d'autres, les fonctions sacerdotales païennes dans les provinces ne cessaient d'être convoitées à cause des différents avantages qui y étaient attachés. On les briguait par tous les moyens : les concurrents souvent chrétiens se livraient pour les obtenir à de ruineuses dépenses. Théodose, par la loi du 16 juin 386, interdit aux chrétiens de rechercher ces fonctions : Il est inconvenant et illicite, dit-il, que ceux dont la conscience a été éclairée par la religion aient le soin des temples et des solennités païennes (1).

(1) Loi 112, XII. 1, C. Th.

Avec les païens proprement dits Théodose, dans les premiers temps de son règne, usa de modération, mais il frappa énergiquement les apostats, et pour la première fois nous voyons apparaître contre eux des peines exclusivement civiles. Avant la mort de son collègue, alors qu'il gouvernait l'Orient, Théodose en 381 avait promulgué une loi décidant que les chrétiens passés au paganisme ne pourraient plus disposer de leurs biens par testament ; ils n'auront pas la « *testamenti factio* » active. En 383, la peine est singulièrement aggravée ; d'abord ce ne sont plus les chrétiens apostats, mais même les simples catéchumènes qui encourent les déchéances ; de plus celles-ci sont modifiées. Tous les coupables (les catéchumènes dans le cas où ils n'auraient ni enfants, ni frères) sont privés du droit de donner entre vifs ou par testament : ils perdent de plus la « *testamenti factio* » passive, le « *jus capiendi* », à moins que le donateur ou testateur ne soit le père, la mère ou le frère de l'apostat. Gratien en Occident avait rendu une loi semblable.

En 391, Théodose alla plus loin : la loi du 9 mai (2) leur interdit de paraître comme témoins ; ils sont privés de toute dignité acquise ou héréditaire, et frappés d'une véritable mort civile ; ils sont déclarés infâmes, et, circonstance aggravante, il n'y a point de réhabilitation possible pour ces gens qui « ont profané le Saint-Baptême ».

(2) Loi 4, XVI. 7, C. Th.

Le législateur regrette de ne pouvoir faire davantage :
« *Sint absque jure romano* ». « Nous les aurions bannis
dans les déserts s'il n'était plus dur de vivre au milieu des
hommes en ne comptant pas dans leur nombre » (1).

Aucune attaque directe n'avait été d'abord dirigée
contre le paganisme : la loi du 25 mai 385, renouvelant les
dispositions de Valens et de Valentinien, punissait de
mort les pratiques magiques (2) ; mais cette fois-ci le
terme est plus étendu et comprend même les aruspices.
On se base, bien que les termes de la loi soient assez am-
bigus, sur ce fait qu'on cherche dans les entrailles des
victimes, la révélation d'un avenir qui ne nous appartient
pas, et ces pratiques superstitieuses doivent cesser partout.
En 391, une loi générale fut publiée dans les deux empires ; plus d'hésitations : « Que personne ne se souille
par des sacrifices, n'immole d'innocentes victimes, ne pé-
nètre dans les temples, ni ne défende les simulacres faits
par la main des hommes (3). Tout individu qui sera saisi
entrant dans un temple pour y sacrifier sera puni d'une
amende de quinze sous d'or. Les magistrats fort suspects
en pareille matière sont particulièrement menacés. Les
gouverneurs de provinces qui entreront dans les temples
seront punis de la même peine ainsi que leurs officiers, à

(1) Cod. Th. *loc. cit.*
(2) Lois 7 et 9, XVI. 10, C. Th.
(3) Loi 10, XVI. 10, C. Th.

moins que ceux-ci ne prouvent qu'ils se sont opposés à l'accomplissement du délit de leurs supérieurs (1).

Les punitions sont encore relativement légères et ne visent que l'exercice public du culte. Les sacrifices privés devenaient d'autant plus nombreux que les autres étaient interdits : aussi le 20 décembre 391 furent-ils défendus à leur tour sous peine de proscription (2). La pénalité s'augmente graduellement, on peut donc croire que les premières lois étaient fort mal exécutées. Enfin, la loi principale dirigée contre les sectateurs des idoles fut celle du 8 novembre 392 : Que personne, quels que soient sa naissance et son ordre, qu'il soit « honestior ou humilior », remplissant ou non des fonctions publiques, en quelque lieu que ce soit, ne s'avise d'immoler une victime à des dieux inanimés, ou bien dans un sacrifice privé n'honore ses dieux lares ou ses pénates (3). La loi vise bien ici le culte lui-même et la liberté de conscience ; elle ne se contente pas de défendre tout ce qui peut ressembler à des pratiques extérieures, mais encore ce qui faisait la base réelle de la religion romaine : le culte du foyer domestique et des ancêtres. Rompant nettement avec la tradition de ses prédécesseurs, l'empereur traite les païens en ennemis publics : Quiconque aura l'audace d'immoler des

(1) Loi 11, XVI. 10, C. Th.
(2) Loi 7, *loc. cit.* C. Th.
(3) Loi 12, *loc. cit.* C. Th.

victimes ou de consulter leurs entrailles, sera passible des peines portées contre la lèse-majesté, alors même qu'il n'aurait rien fait ou tenté de faire contre le salut des empereurs. Si quelqu'un, redoutant le péril du culte public, se crée une idole et l'honore en l'entourant du feuillage d'une vigne, ou l'élevant sur un tertre ; comme l'injure adressée à la religion est la même, il est considéré comme coupable et privé de la demeure ou des biens où il est prouvé qu'il a rendu hommage à la superstition païenne (1). Si le coupable a commis son délit sur une terre ou dans une maison qui ne lui appartenait pas, à l'insu du propriétaire, il sera condamné à 25 livres d'or d'amende ; et si le propriétaire est son complice, il sera puni de la même amende.

Chacun a le droit de dénoncer le coupable, mais les défenseurs et curiales sont particulièrement chargés de veiller à l'exécution de la loi, et de dénoncer les délits aux juges des provinces. Pour donner du zèle à ces derniers, Théodose les condamne quand ils se montrent trop indulgents et n'agissent pas énergiquement contre les coupables, à une amende de 30 livres d'or, amende qui sera commune à tous les agents.

En même temps que ces mesures législatives, dirigées contre les individus, Théodose fit fermer les temples et

(1) Loi 12, XVI. 5, C. Th.

chargea d'une mission à ce sujet Cynegius, préfet d'Orient. Dans toutes les contrées où il passa, ce fonctionnaire fit preuve de zèle ; il ne devait pas démolir les temples, mais les fermer seulement ; en Asie et en Egypte, les chrétiens se chargèrent de ce soin ; les païens résistèrent et ces contrées furent ensanglantées par des luttes acharnées.

En Occident, les moyens employés par Théodose furent-ils mis en vigueur ? Il semblerait bien que les lois aient été faites pour les deux empires à la fois, et pourtant les faits sont là pour nous prouver qu'à Rome et dans toute l'Italie, centre du paganisme et son dernier refuge, on se garda d'inquiéter par trop ses adeptes. Après la défaite du rhéteur Eugène représentant le parti païen, Théodose n'osa sans doute essayer de faire la guerre aux consciences dans des pays profondément païens, où des millions de citoyens suivaient encore l'ancien culte. En Orient au contraire, où le paganisme hellénique était bien plus tombé en désuétude, ne représentait en même temps que les hérésies que les partis d'opposition, où il n'était et n'avait jamais été la religion nationale d'un peuple homogène, il put agir avec la dernière énergie, et sa politique fut continuée par ses successeurs, si bien que certains auteurs ont pu se croire autorisés à dire que sans les poursuites dont il fut l'objet, le paganisme vivrait encore comme certaines hérésies primitives se sont conservées en Asie Mineure et en Perse.

Arcadius et Honorius, en 395, renouvellent de Constantinople la défense absolue d'entrer dans les temples et d'y célébrer « *abominanda sacrificia* » (1). En 399, étant à Ravenne, Honorius, dans un rescrit adressé à Macrobe et à Proclianus, ordonne que l'on conserve soigneusement « *publicorum operum ornamenta* », mais il interdit formellement les sacrifices (2). Dans la loi 17 du même titre, Honorius rappelle qu'il a autrefois défendu les rites profanes, c'est-à-dire les cérémonies dont une corporation ou un particulier auraient pu faire les frais, car le trésor public ne fournissait plus de subventions : il avait supprimé le budget des cultes païens ; il ne s'agit pas des « *sacra domestica* » interdits sous Théodose. Cependant l'empereur, ce qui paraît assez illogique, ne veut pas qu'on interdise les fêtes publiques, les réunions de citoyens et les témoignages de l'allégresse publique qui n'avaient guère pourtant lieu qu'à l'occasion des féries religieuses. Les privilèges qui ont pu autrefois être décernés aux prêtres et aux ministres de toute sorte du culte païen sont de nouveau abolis par Arcadius et Honorius (3). Cela se comprend, car du moment qu'on est censé méconnaître l'existence d'une religion autre que la religion chrétienne, les ministres du culte en tant que corporation n'existent plus aux yeux de la loi. Il est toujours défendu de chercher à démolir ou dégra-

(1) Loi 15. XVI. 10. Cod. Th.
(2) Loi 15, eod. tit.
(3) Loi 14, eod. tit.

der les édifices sacrés qui ont été autrefois le siège et l'habitation des divinités païennes, et cela par respect des traditions nationales (1).

Sur la réclamation des évêques d'Afrique, le 17 des calendes de Décembre 408, une nouvelle loi fut portée contre le paganisme. Adressée à Curtius préfet d'Italie, elle paraît bien avoir le caractère d'une mesure générale. La confiscation de Gratien, la déclaration de Théodose que le trésor ne paierait plus les services publics du culte païen, avaient laissé dans le budget certaines subventions en faveur de l'ancienne religion : « *Annona, vectigalia templorum* » ; ces sommes servaient à payer les repas et les jeux sacrés qu'Honorius avait maintenus en 399. L'annone des temples était prélevée sur la cassette particulière des princes ; aussi à partir de 408, le paganisme n'eut plus pour subsister que les offrandes mobilières des particuliers. Les sacrifices étaient interdits, la loi fixe le sort des édifices sacrés en déclarant qu'ils seront appropriés à l'usage public et par conséquent placés sous la surveillance des magistrats provinciaux. Les repas et les réunions joyeuses sont cette fois interdits, mais il faut bien dire qu'on ne tint pas beaucoup compte des défenses du pouvoir, et que les fêtes populaires continuèrent comme par le passé. On laissa aux évêques le pouvoir d'interdire ces

(1) Loi 18, eod. tit.

manifestations, et le zèle des magistrats et de leurs « *officia* » est stimulé par la perspective d'une amende de vingt sous d'or s'ils négligent d'exécuter les prescriptions de la loi. Ces amendes ne suffisaient pas, paraît-il, car l'année suivante une loi punissait les magistrats convaincus de connivence avec les personnes qui troublaient le culte chrétien, de destitution immédiate ; les officiers municipaux seront plus sévèrement frappés de bannissement ou de confiscation de leurs biens (1).

Cette même loi, qui proclamait l'illégalité de tous les actes publics du paganisme et révélait l'intention du souverain de le détruire, fut complétée par celle du 18 des calendes de Décembre excluant de toutes les charges du palais les ennemis de la communion catholique ; les païens étaient sans aucun doute visés eux aussi par cette mesure (2). Dans la province d'Afrique la lutte entre les deux religions fut longue ; Alexandrie était le lieu de rendez-vous de toutes les superstitions, et la philosophie néo-platonicienne qui essaya de renover le paganisme y avait pris naissance ; aussi le triomphe du christianisme fut-il plus pénible là que partout ailleurs. Sur les cinq lois d'Honorius se rapportant à la question religieuse, trois concernent cette province. Les païens enhardis par

(1) Loi 46. XVI. 5. Cod. Th.
(2) Loi 42. XVI. 5. Cod. Th.

leur nombre et les divisions des chrétiens résistèrent ouvertement aux ordres de l'empereur et, en 415, Honorius publia un édit contre les pontifes païens, particuli`rement ceux de la province d'Afrique : Nous ordonnons d'employer la contrainte contre les ministres de la superstition païenne qui, avant les calendes de Novembre, ne seront pas sortis de Carthage et rentrés dans leurs villes. Tous les biens que l'erreur des anciens attribua aux choses sacrées seront réunis à nos domaines (1). Exception est pourtant faite pour les biens dont la munificence impériale a investi certains individus. Comme l'erreur est abolie, il est juste que notre épargne ne supporte pas les dépenses de la religion proscrite, et que nous y versions les produits des biens jadis la propriété des Frediani, Dendrophori et autres professions qui servaient au paiement des festins sacrés et des frais du culte. Cette partie de la loi vise directement la religion païenne ; la suivante s'adresse surtout à son organisation administrative, et la frappe en tant que parti dissident dans l'Etat romain : « Nous interdisons les Chiliarches et les Centeniers ou ceux qui ont pour occupation de distribuer le peuple en compagnies. Quiconque aura reçu ce titre ou l'aura souffert, même à contre-cœur, sera puni de la peine capitale ». Il s'agit évidemment ici, non d'une association civile ou militaire, mais d'un grou-

(1) Loi 20 XVI, 10. Cod. Th.

pement religieux et occulte qui peut expliquer mieux que tout les insurrections si fréquentes en Afrique. Les païens étaient sans doute organisés en une sorte de société secrète avec des chefs élus qui donnaient le mot d'ordre et que l'empereur frappe de la peine de mort. En atteignant les têtes du parti, le pouvoir impérial réussit à donner peu à peu la tranquillité à l'Afrique.

Au milieu de ces luttes intestines, l'invasion barbare intervint, la prise de Rome, l'arrivée des Vandales en Afrique et les massacres qui dépeuplèrent cette province mirent fin pour l'Empire d'Occident à la guerre religieuse qui se poursuivait depuis plusieurs siècles. Le paganisme submergé ne se releva pas en tant que religion nationale, ne conserva que quelques rares adeptes qui disparurent peu à peu.

Valentinien III, successeur d'Honorius, après la victoire de Théodose II sur l'usurpateur Jean, laissa gouverner tantôt sa mère Placidie, tantôt le célèbre Aetius. En 425, Placidie rendit une loi en vertu de laquelle les païens ne pouvaient plus être admis au barreau ni aux emplois militaires (1) ; il leur était défendu d'avoir des esclaves chrétiens. Cette loi si dure, surtout pour l'Italie où les païens étaient encore nombreux, ne fut sans aucun doute pas appliquée dans toute sa rigueur. Les efforts des empe-

______
(1) App. ad. Cod. Th. Loi 17.

reurs étaient souvent vains, et en Orient même, Théodose ne pouvait pas arriver à exclure complètement les païens des charges publiques. Le 4 août 425, une loi adressée à Georgius, proconsul d'Afrique, déclare que les superstitions des gentils sont interdites : « Les auteurs et fauteurs du paganisme seront frappés de proscription (1). »

Cette loi est importante en ce sens qu'elle établit en droit la criminalité des actes publics ou privés du culte païen. Honorius les prohibait sans y attacher de sanction pénale ; Valentinien prononce la peine exorbitante de la déportation. Les lois suivent une progression ; elles auraient été atroces si on les avait toujours appliquées strictement, mais heureusement, il leur manquait d'être en rapport avec les mœurs (2).

Les chrétiens étaient comme tous les Romains de ce temps entraînés vers les superstitions : il semble même que plusieurs allaient jusqu'à faire des actes isolés de paganisme ; ils sacrifiaient aux idoles, puisque la loi du 4 avril 426 déclara que ceux qui « *nomen christianum inducti sacrificia fecerint* » seraient privés du droit de faire des donations entre vifs ou testamentaires ; on pourra les accuser même après leur mort et faire casser leur testament (3). Avant cela il fallait pour encourir la

(1) Loi 63. XVI. 5. Cod. Th.
(2) Beugnot : *Destruction du paganisme*. Liv. X. Chap. II, page 315.
(3) Loi 7. XVI, 7. Cod. Th.

déchéance avoir abjuré sa religion ; il suffit maintenant de faire un seul acte qui y soit contraire : le sacrifice, pour se voir privé de la « *factio testamenti* » active.

Malgré toutes ces mesures vexatoires, Valentinien n'oublia pas de renouveler les prohibitions absolues de profaner les tombeaux ; la loi du 13 mars 447 prononce la peine de la dégradation et du bannissement à perpétuité contre les prêtres coupables, fussent-ils évêques. Quant aux laïques, ceux qui possèdent un « *honor* » sont déclarés infâmes et par suite déchus de tous leurs droits civiques ; la moitié de leurs biens est confisquée. Les simples citoyens sont punis du dernier supplice.

Ainsi donc, la religion qui avait été, à la base de la cité romaine, celle des Mânes, résista seule jusqu'au bout à l'attaque prolongée du christianisme et se maintint toujours, protégée par les lois elles-mêmes contre les entreprises toujours réprimées des chrétiens trop zélés et surtout de ceux qui prenaient prétexte de zèle religieux pour se livrer à de véritables brigandages contre les tombeaux quels qu'ils fussent.

Les lois de l'Orient prononçaient la peine de mort contre ceux qui sacrifiaient ; elles furent insérées dans le Code Théodosien avec d'autres moins sévères en usage dans l'Occident. Par l'édit du 15 février 438, Théodose le Jeune déclarait que son code aurait autorité en Orient à partir du 1er janvier suivant.

Le Code Théodosien approuvé par le Sénat de Rome et promulgué en 443 acquit donc force de loi en Occident à partir de cette époque, et les païens d'Italie se trouvèrent soumis au même régime que leurs coreligionnaires d'Asie. En fait, il n'y eut pas souvent d'actions judiciaires intentées contre les sectateurs des idoles, tandis qu'en Orient, ces poursuites furent fréquentes et toujours acharnées.

§ II

HÉRÉTIQUES.

En face du paganisme persécuteur, le christianisme avait usé de toutes ses forces vives pour triompher; quand il se fut fait reconnaître comme religion officielle, il eut à lutter contre de nouveaux ennemis. Des dissentiments de doctrine se produisirent, surtout dans les contrées de l'Orient qui ont été de tout temps le pays des discussions abstraites passionnées. L'État intervint pour réglementer la situation des différentes opinions, et chercha, même dans les questions exclusivement doctrinales, à influer sur la conscience de ses sujets. D'une manière générale, on peut affirmer que les empereurs catholiques eurent envers les dissidents de toute sorte, une conduite diamétralement opposée en théorie du moins à celle qu'ils gardaient envers les païens.

Constantin sentait bien que le paganisme était vivace encore dans le cœur de ses sujets d'Italie ; il fut modéré avec eux ; avec les hérétiques considérés comme des rebelles, il fut plus énergique. Ses successeurs au contraire, à mesure que le paganisme disparaissait et que les erreurs devenaient plus nombreuses, se crurent tenus à moins de ménagements envers le premier, et à plus de modération vis-à-vis des secondes.

Se considérant comme chargé de maintenir l'intégrité de la loi catholique, et là-dessus ses opinions doctrinales varièrent assez souvent, Constantin s'efforce d'être le maître à la fois des personnes et de la conscience de ses sujets. Pour lui, les évêques ne sont que des fonctionnaires, et il les traite comme tels. Nous avons vu que pour les réunions appelées conciles, ils voyageaient aux frais du trésor ; les décisions qu'ils pourront prendre à ces occasions sont exécutées par la force comme des règlements administratifs ou des lois. Constantin et ses successeurs veulent tenir l'Eglise en tutelle, mais celle-ci leur échappe bientôt, et nous voyons apparaître pour la première fois dans l'histoire ces conflits entre les pouvoirs civil et religieux qui rempliront le moyen âge. En face de la puissance centrale de plus en plus affaiblie dans cet immense empire, les évêques ayant à leur tête le pape arrivent relativement vite à occuper une situation prépondérante dans l'Etat, et ils en sont dignes sans conteste.

A peine l'Edit de Milan avait-il été lancé, que l'empereur qui avait cru rendre la paix religieuse à ses Etats eut à juger l'hérésie des Donatistes. Sur une dénonciation faite contre Donat, évêque des Cases-Noires (dans la province d'Afrique), qui se montrait le plus intransigeant adversaire des évêques dits « Traditeurs », Constantin réunit en 313 un concile à Rome pour juger le différend avec le caractère officiel. Donat fut condamné et le proconsul Elien chargé de faire l'enquête et de prononcer le jugement au sujet de l'évêque Félix qu'on accusait d'avoir été consacré par un évêque traditeur (1). Les Donatistes ne se soumettant pas, les évêques furent de nouveau réunis à Arles en 314, et de nouveau se prononcèrent catégoriquement contre Donat et ses sectateurs. Entre autres décisions remarquables, ils autorisaient les mariages mixtes que les hérétiques ne pouvaient pas admettre, et prononçaient la peine de l'excommunication contre le soldat qui abandonnerait ses enseignes, même en temps de paix. Les magistrats doivent prendre des lettres de communion de l'autorité ecclésiastique, et sont par cela même subordonnés à cette dernière.

Devant la résistance des Donatistes, Constantin hésitait, il lui répugnait sans doute de rouvrir l'ère à peine fermée des persécutions : mais, d'un autre côté, la désobéissance

1) Optat. Liv. I, pages 45-51.

était formelle, et les ordres de l'empereur devaient être exécutés. Après un an de tergiversations, il se décide à être énergique ; il voulait punir sévèrement les chefs de la rébellion ; son conseiller Osius, évêque de Cordoue, lui prêcha la modération. Il confisque leurs églises, leurs lieux de réunion, les biens des plus ardents, et envoie les chefs en exil (1). Quatre ans après, ils sont rappelés. Mis au ban de la société, les Donatistes d'Afrique deviennent une vraie bande de brigands. Se séparant tout à fait de l'Église, ils parcourent les campagnes de cette province, rebaptisant les chrétiens, et avec les circoncellions, faisant une guerre acharnée à l'état de choses établi. Sous prétexte de religion, ils abolissaient les dettes, affranchissaient les esclaves, massacraient les maîtres et les créanciers, incendiaient les églises et les villes, et malgré tout ce qu'on put faire, ces désordres durèrent jusqu'à la fin du règne de Constantin.

Le donatisme ne reposait guère que sur une question d'administration et un point de détail ; il n'atteignait pas les bases du dogme lui-même ; aussi n'eut-il qu'une durée éphémère et fut-il restreint à la province d'Afrique. L'arianisme, au contraire, qui niait la divinité de Jésus-Christ, se maintint plus longtemps, et le catholicisme n'en triompha qu'après une longue lutte et des alternatives de

(1) *St. Augustin.* Ep. 48, § 14.

succès et de revers. Il fut même plusieurs fois maître de l'empire d'Orient, et des émeutes sanglantes eurent lieu à son sujet, soit à Alexandrie, soit à Constantinople.

Constantin, informé de la naissance de ce nouveau schisme et des divisions qui régnaient dans l'Église d'Asie, écrivit aux évêques, les conjurant de se mettre d'accord. Osius envoyé à Alexandrie donna tort à Arius, d'où tumulte dans cette ville toujours remuante et partagée entre des sectes de toute sorte, philosophiques ou religieuses. Un édit est publié contre les Ariens, et comme tous ceux de ce genre, à cette époque, avant d'atteindre les personnes, il vise les biens. Ceux qui seront partisans de l'hérésie nouvelle, paieront dix fois l'impôt de la capitation, moyennant quoi il leur sera loisible de vivre en paix ; ceux qui font partie des curies seront comme les simples citoyens soumis aux charges publiques s'ils ne rentrent pas dans le sein de la vraie foi (1). Enfin, un concile général est convoqué à Nicée, en 325. Trois cent dix-huit évêques s'y rendent, et font une déclaration de doctrine connue sous le nom de symbole de Nicée. L'hérésie arienne est condamnée, Arius envoyé en Galatie : les livres contenant sa doctrine doivent être soigneusement brûlés, et si quelqu'un est surpris, cachant un de ces ouvrages, il sera immédiatement condamné à la peine de mort (2). Ces me-

(1) Epiph. Hérés, IX. 9.
(2) Socrate 1. 9. Sozomène : 1. 50.

naces exagérées furent non suivies d'effet; les Ariens trouvèrent un moyen habile d'avoir l'air d'adhérer au symbole de Nicée, et vers la fin de son règne, Constantin ne trouvant pas chez les évêques catholiques la soumission qu'il aurait désirée, finissait par pencher du côté de l'arianisme. Arius avait été rappelé d'exil ; un édit fut lancé contre les hérétiques en général, mais on se contentait de confisquer leurs oratoires et leurs chapelles (1).

Pour bien marquer son intention arrêtée de protéger la vraie foi, Constantin prit soin de spécifier que les privilèges accordés aux ministres du culte, ne concernaient que les prêtres de la religion catholique et païenne seules reconnues, et non les hérétiques quels qu'ils fussent (2). Les Valentiniens, Marcionites et Pauliniens n'ont pas le droit d'ouvrir d'oratoires ni de se réunir en assemblées. Seuls les Novatiens conservent leurs sanctuaires ; eux seuls, en effet, n'ont pas été « *prædamnati* (3) ».

Le règne de Constantin se termina au milieu des discordes et de l'anarchie religieuse. L'arianisme avait fait de grands progrès en Orient au milieu de ces peuples toujours inquiets et remuants. Constance, par raison politique, prit son parti, tandis que Constant resta fidèle au catholicisme. Il en fut de même, plus tard, pour Valentinien

(1) Eusèbe · III. 65 et 65.
(2) Loi 1. XVI. 5. Cod. Th.
(3) Loi 2, eod. tit. Cod. Th.

et Valens ; le premier régnant à Rome et le second à Constantinople.

Julien, dont le règne fut très court et une époque de réaction, favorisa les divisions du christianisme, considérant qu'il était de bonne politique de faire voir à ses sujets que le paganisme n'avait jamais connu ces discussions passionnées sur un point pour lui peu important de doctrine.

Une secte contre laquelle empereurs ariens et orthodoxes furent particulièrement sévères est celle des Manichéens. Valentinien qui, nous l'avons vu, était aussi impartial que possible en matière religieuse, dans une loi datée de 372, délare que les réunions des sectateurs du Manichéisme sont interdites ; ceux qui se sont rendus coupables de ce délit seron infâmes ; les maisons et les endroits où se sont tenues les réunions seront confisqués (1).

Valens, arien déclaré, persécuta, comme nous l'avons vu également, les païens et les orthodoxes, mais après sa mort, Gratien, dans son édit de *Sirmium*, ne faisait exception dans ses pensées de tolérance générale que pour les Donatistes, les Manichéens, les Photiniens et les Eunomiens (2). Il n'osait attaquer les Ariens toujours très nombreux dans ses Etats. D'ailleurs, disait-il en substance,

(1) Loi 5. XVI. 5. Cod. Th.
(2) Socr. V. 2.

il est libre à chacun de croire ce qui lui plaira ; le sectateur des hérésies doit savoir que « *tantummodo sibi nociturus* (1). »

Au milieu des difficultés soulevées de tous côtés par les invasions barbares, le pouvoir central n'avait pas réussi à imposer ses croyances ; avec un général victorieux et énergique comme Théodose, les oppositions devaient succomber par la force. Cet empereur, orthodoxe déclaré, qui porta les plus terribles coups au paganisme ne pouvait pas laisser subsister les dissidents chrétiens, et nous avons de lui seize constitutions contre les hérétiques. Tout d'abord, l'Édit du 28 février 380 proclamait que tous les sujets de l'Empire devaient être de la religion catholique et adhérer au symbole voté par les évêques, à Nicée, en 325. Il menaçait en même temps les hérétiques rebelles de telles mesures qu'il jugerait à propos de prendre (2). Les procès criminels étaient suspendus pendant le temps du Carême. La loi du 10 janvier 381 rendit aux orthodoxes les églises et les lieux consacrés, et interdit aux hérétiques de s'assembler dans les villes. Il ne faut plus de Photiniens, d'Ariens, etc. Tout le monde doit croire au symbole de Nicée. Qu'aucun hérétique n'ait de lieux de réunion pour ses mystères ; ceux qui enfreindront la loi

(1) Loi 5, XVI, 5. Cod. Th.
(2) Loi 2, XVI, 1, Cod. Th.

seront expulsés des villes (1). Malgré ces menaces, en somme assez anodines, les dissidents conservent le droit de se réunir dans les faubourgs et les campagnes. Le culte privé est toujours libre, aucune mesure n'est prise contre les personnes, si ce n'est dans le cas de rébellion.

En mai 381, Théodose convoqua le concile de Constantinople qui acheva de formuler la doctrine de l'Eglise catholique et l'organisa administrativement, donnant le premier rang au siége patriarcal de Rome. En juillet de la même année, toutes les églises furent remises entre les mains des évêques orthodoxes. Il est bientôt défendu aux Ariens et aux Eunomiens d'élever des temples, soit dans les villes soit dans les campagnes. Ceux qui seront bâtis malgré la défense appartiendront au fisc (2). La sévérité va s'accroissant : La loi 11 interdit les réunions publiques dans les villes, les campagnes, les lieux publics ou privés. Si quelqu'un transgresse cette défense, permission est donnée à tous ceux que séduit la beauté du vrai culte de courir sus aux réfractaires. Les maisons où se tiennent les assemblées illicites seront confisquées (3). Seront punis de bannissement, tous ceux qui se laisseront ordonner prêtres par les hérétiques. En empêchant le recrutement des ministres des hérésies, on espère arriver à empê-

(1) Loi 6, XVI, 5, Cod. Th.
(2) Loi 5, XVI, 5, Cod. Th.
5) Loi 12, XVI, 5, Cod. Th.

cher la propagande des doctrines perverses et les discussions trop ardentes qui amènent les révoltes.

Recherchés partout, les hérétiques dont la liste s'est augmentée seront expulsés des villes et ramenés dans les endroits dont ils sont originaires, afin qu'ils n'aient pas la possibilité de se rendre ailleurs et de prêcher dans les autres villes. Les fonctionnaires qui n'exécuteront pas strictement les ordres de l'Empereur seront frappés des mêmes peines. Ainsi donc, les plus atteints sont les chrétiens qui ont sollicité le sacerdoce des hérétiques et porté le nom de ministres de ces religions criminelles; ils sont expulsés sans qu'aucune grâce puisse intervenir pour eux, et séparés de la réunion des gens de bien (1).

Cette défense aussi sévèrement faite aux orthodoxes d'accepter aucun ministère s'explique par les avantages qui étaient attachés aux fonctions sacerdotales et qui, nous l'avons vu, faisaient briguer par les chrétiens, même les sacerdoces païens. Il est vrai que les faveurs faites ne concernaient, en théorie du moins, que les ministres des deux religions officiellement reconnues, mais il est permis de croire que dans certaines contrées où la population et les fonctionnaires eux-mêmes étaient Ariens, on ne s'était pas fait faute de considérer les prêtres hérétiques comme dispensés légalement des charges qui pesaient sur les

(1) Loi 15, eod. tit. Cod. Th.

autres citoyens et qui faisaient l'objet des exemptions ordinaires.

Cette défense fut renouvelée en 392 sous la sanction d'une amende de 10 livres d'or, outre les peines mentionnées ci-dessus (1). Cette amende frappait ceux qui, malgré les lois, feraient des ordinations, qu'elles fussent d'individus orthodoxes ou ayant manifesté des sentiments hérétiques, peu importait. Les dissidents n'ayant pas le droit d'être propriétaires de leurs lieux de réunions recouraient à un moyen facile : ils s'adressaient à un propriétaire orthodoxe et lui louaient une maison qui leur servait de point de concentration; la loi 21, prévoyant cette hypothèse, punit le bailleur de la confiscation s'il a été de connivence avec les hérétiques, et d'une amende de 10 sous d'or s'il ignorait le but de la réunion ; ces peines sont prononcées dans les cas où le coupable est ingénu ; s'il est esclave, il est frappé de verges et condamné à la déportation.

Deux sectes sont frappées de peines particulièrement sévères : celles des Encratites et des Saccophores (2). On doit les rechercher soigneusement et les poursuivre partout, soit dans les villes, soit dans les campagnes; des réunions de gens si dangereux pour la société publique

(1) Lois 21 et 22. XVI. 5, Cod. Th.
(2) Loi 9 cod. tit. Cod. Th.

ne doivent pas être tenues, et les sectateurs de ces hérésies sont punis de la peine de mort si on les découvre. Cette loi si dure et si injuste, ne fut pas, si nous en croyons Sozomène, appliquée dans toute sa rigueur, surtout dans l'empire d'Occident (1).

Théodose, voulant n'avoir autour de lui que des sujets sur la loyauté desquels il pût compter, même au point de vue religieux, avait interdit à tous les dissidents l'entrée dans les charges de la cour ; Arcadius et Honorius renouvelèrent, en 391, cette prohibition de la manière la plus formelle. Dans un rescrit adressé à Marcellus « *Magister officiorum* », ils lui ordonnent de rechercher avec soin si, parmi les fonctionnaires de la cour, il ne s'en trouverait point quelqu'un infecté d'hérésie. « Comme l'a fait notre divin père, nous lui enlevons tout droit à une fonction publique quelconque (2) » Cela ne suffira sans doute pas, il faudra veiller à ce qu'il soit expulsé de Constantinople.

Ainsi que nous avons pu le voir, sauf pour quelques sectes particulièrement défavorisées et considérées comme dangereuses, la peine contre les dissidents était primitivement politique ; l'interdiction d'exister en tant que corps organisé dans l'État ; la défense de se réunir d'abord dans les villes, puis dans les campagnes. On devient ensuite

(1) Soz. VII. 12.
(2) Loi 29. XVI. 5. Cod. Th.

plus sévère en expulsant les hérétiques et en exilant les récalcitrants; enfin, on punit la conscience révoltée en interdisant l'entrée des fonctions publiques à tous ceux qui ne feront pas profession de la foi catholique telle qu'elle a été formulée au concile de Nicée.

Mais à côté de ces punitions politiques, nous voyons peu à peu grandir et se développer le système déjà autrefois expérimenté contre les chrétiens; celui qui consistait à frapper les esprits indépendants de déchéances civiles qui découlaient forcément des délits commis contre la Majesté de l'Empereur; toute religion non conforme à celle de l'Etat était considérée comme une insulte directe à l'autorité du souverain et à la grandeur de l'Empire Romain.

On n'avait osé enlever aux païens aucun des droits du citoyen qui leur appartenaient; seuls les apostats furent atteints quand la loi leur interdit de faire un testament; avec certains hérétiques, vus d'un mauvais œil, on prit des libertés plus grandes, et en 381, une constitution de Gratien, Valentinien et Théodose décida que les Manichéens perdraient à la fois la « *factio testamenti* » active et passive (1). Non seulement ils ne peuvent pas tester, mais encore faire une libéralité quelconque, qu'elle soit entre vifs ou « *mortis causa* ». La raison qu'en donnent les empereurs est l'infamie perpétuelle dont ils sont notés

(1) Loi 7. XVII. 5. Cod.Th.

comme particulièrement dangereux pour la sécurité de l'État. « *Eripimus omnem vivendi jure romano facultatem* » ; ils n'auront plus le pouvoir ni de donner ni de recevoir une hérédité. Tous les biens dont il s'agit viendront au fisc. C'est une mise hors la loi pure et simple. Les Manichéens sont ainsi rayés de la liste des citoyens et traités comme les infâmes; c'est la revanche illégale des mesures autrefois prises par le paganisme contre les chrétiens. Et pour qu'il ne puisse pas y avoir d'erreur possible, l'empereur explique et développe sa pensée en citant quelques personnes qu'on aurait pu considérer comme privilégiées. Que les biens soient laissés au mari, à un proche parent, aux fils mêmes, s'ils partagent les doctrines du testateur, la libéralité est illicite et revendiquée par le fisc « *caduci titulo* ». Les dispositions législatives prévoient le cas d'une personne interposée et prononcent également la nullité. La loi ne paraît sans doute pas assez dure comme cela ; non contente d'agir dans le futur, elle aura un effet rétroactif; le fisc s'emparera des successions *ab intestat* ou testamentaires laissées par des Manichéens. Elle n'est pas pour l'avenir seulement, elle a été faite « *Non tam ad constituendæ quam ulciscendæ legis exemplum* ». L'idée de vengeance et de punition que nous trouvons au dire de Jhering dans les lois primitives concernant la faute dans les contrats de droit civil (1),

---

(1) *La faute en droit privé.*

cette idée apparaît ici pour contribuer à venger la Majesté de l'Empereur ; on suppose que le testateur en faisant ses dispositions de dernière volonté s'est rendu coupable envers le souverain ; il a cherché à soustraire ses biens à la vindicte de l'offensé, et on annule l'expression de la volonté du coupable. Ces hommes auxquels on a interdit de se réunir, de tenir des conciliabules ; ces ennemis du genre humain obstinés dans leurs erreurs n'ont pas voulu se soumettre aux lois établies ; on les tient pour sacrilèges et on cherche des moyens énergiques pour anéantir leurs sectes dangereuses.

Il est cependant un cas où un Manichéen peut laisser une succession ; c'est celui où les dispositions prises par le testateur s'adressent à un de ses enfants qui professe la religion catholique ; celui-là hérite, à l'exclusion des autres enfants, des biens paternels ou maternels. C'est une prime ainsi donnée à ceux qui voudront abjurer leurs erreurs et rentrer dans le sein de l'Église ; c'est en même temps, il faut bien le dire, un encouragement pour les individus sans scrupules que n'ont jamais gênés les convictions religieuses. A ces dispositions purement civiles, la loi de 381 ajoutait l'interdiction absolue pour les Manichéens de se réunir et d'élever des sépultures dans les villes où ils auraient pu se trouver, sous prétexte d'honorer leurs morts et célébrer ainsi leurs fêtes religieuses. En somme, la secte manichéenne doit être considérée comme composée d'hommes capables de tous les crimes. La loi de

382 étendit les pénalités civiles à tous ceux qui vivraient à la façon des Manichéens : « Que celui-là soit « *intesta- bilis* » et qu'à sa mort ses biens soient laissés à ses héri- tiers naturels, s'il en a, ou reviennent au fisc si la succes- sion légitime vient à faire défaut(1). »Valentinien, Théodose et Arcade décident en 389 que les Eunomiens seront à leur tour privés du droit de faire un testament ou de re- cevoir des libéralités par un acte de cette nature (2). Avaient-ils le droit de laisser une hérédité *ab intestat* à tous leurs héritiers légitimes indistinctement ? La loi 17 ne le leur interdit pas formellement, ce qui laisserait sup- poser qu'on fut pour eux moins dur que pour les Mani- chéens. Le droit de laisser ses biens *ab intestat* était si sacré que la loi, toutes les fois qu'elle en a privé quelqu'un, a pris soin de le déclarer de la manière la plus formelle. En même temps qu'on décrète des mesures contre les Eunomiens, on renouvelle celles prises contre les Mani- chéens en ajoutant qu'ils doivent être chassés de partout, surtout de Constantinople : « *Nihil ad summum his sit commune cum mundo* » (3). Quant aux Eunomiens, cinq ans plus tard on leur rendit la « *factio testamenti* » pour remettre en vigueur en 395 les dispositions prises contre eux (4); trois mois après on leur reconnaît de nouveau le

(1) Loi 9. XVI. 5. Cod. Th.
(2) Loi 17, cod. tit. Cod. Th.
(3) Loi 18. XVI. 5. Cod. Th.
(4) Loi 25, cod. tit. Cod. Th.

droit de faire des testaments. Théodore II et Honorius, en 410, décident que les lois concernant les Eunomiens subsistent toujours et qu'il leur est interdit de donner et de recevoir par contrat entre vifs ou par testament (1). Ils conservent encore le droit de succéder *ab intestat*, ce qui permet bien de croire, comme nous l'avons dit plus haut, qu'ils ne le perdirent jamais. Quand ils meurent sans héritiers légitimes, leurs biens font retour à l'Etat ; ceux qui auront été donnés malgré la loi appartiendront au fisc et pourront être vendus au profit du Trésor si on y voit avantage. La loi de 415 décide que si dans la ville il s'est tenu des réunions chez les prêtres Eunomiens, la maison de ceux-ci sera confisquée. La même peine de la confiscation atteindra les autres prêtres hérétiques. Confirmant et renouvelant les lois promulguées au sujet des hérédités des Eunomiens, l'empereur décide que si par hasard on avait accordé à quelqu'un d'entre eux la « *factio testamenti* » elle lui est retirée à partir de la présente loi, et il est soumis au même régime que les autres, puisqu'il partage leurs opinions (2).

En conséquence, toutes libéralités entre Eunomiens sont interdites. Ces dispositions restreintes aux héritiers de leur secte se trouvent déjà, semble-t-il, dans la loi de 410: ces mots : *invicem sibi donare* » permettent de croire que

(1) Loi 49, eod. tit. Cod. Th.
(2) Loi 58, XVI, 5. Cod. Th.

les Eunomiens pouvaient faire des libéralités soit à des catholiques, soit à des païens, soit à d'autres hérétiques qui n'étaient pas vus d'un mauvais œil par la loi, et que leur incapacité de disposer de leurs biens était restreinte à ce qui concernait leurs corelégionnaires.

Le titre VI tout entier du Code Théodosien est consacré à la réunion des lois promulguées pour empêcher la réitération du baptême. Les Donatistes surtout se livraient à cette pratique. Aussi, pour les atteindre, Honorius décida-t-il en 405, que tout individu accusé d'avoir donné de nouveau le baptême serait privé de la libre disposition de ses biens et mis en interdiction légale. De plus, il lui est défendu soit de donner soit de recevoir par testament (1). Cela ne suffisait sans doute pas, car en 414, non seulement les Donatistes virent ces dispositions maintenues, mais encore on les déclara infâmes, séparés de tout le genre humain et incapables de prendre part à un contrat (2). Comme toujours, leurs biens sont confisqués, leurs prêtres, leurs évêques envoyés en exil dans les îles ou dans les provinces.

On poursuivit, sous Théodose, avec une sévérité toute particulière, les Manichéens, les Phrygiens ou Priscillanistes. Il faut que ces gens n'aient rien de commun avec les autres et qu'on déploie tous les moyens possibles pour

(1) Loi 4, XVI, 6. Cod. Th.
(2) Loi 64, XVI, 5. Cod. Th.

les empêcher de vivre. En conséquence, tout en maintenant les lois anciennes, on y ajoute de nouvelles privations de droits civils ; on ne leur laisse la faculté ni de faire une donation, ni d'acheter, ni de vendre, ni de prendre part à un contrat quel qu'il soit (2). Leur appliquant complètement le titre de criminels de lèse-majesté, on permet de les poursuivre même après leur mort. Leurs esclaves échappent à l'abandon noxal s'ils abjurent les erreurs de leurs maîtres, et toute tentative de propagande sur leur personne est sévèrement punie.

Quelles étaient les sanctions données à toutes ces prohibitions dont étaient frappés d'abord certains partis d'hérétiques, puis plus tard les hérétiques en général ? Il est difficile de croire qu'on ait strictement appliqué la loi, qui voulait absolument la mise hors la loi des Manichéens et de quelques autres. Ce sont eux, pourtant, qui, considérés comme les plus dangereux, auraient dû le plus souffrir. Ce qui permet de supposer qu'on s'occupait peu, dans le fonds, d'obéir aux ordres venus d'en haut, c'est que l'empereur, pour amener un semblant d'exécution, est obligé de stimuler le zèle de ses agents en les menaçant d'amendes quelquefois considérables. Dans certaines contrées de l'Orient, les hérésies ont été laissées en paix et pour cause : malgré tout leur zèle, les fonctionnaires

(2) Loi 40. eod. tit. Cod. Th.

n'auraient pas pu, en face du nombre considérable des dissidents, appliquer strictement la loi ; d'ailleurs, avant le triomphe momentané du catholicisme, il fallait compter avec les changements de doctrine qui se produisaient fréquemment chez l'empereur et à la cour; aujourd'hui vérité, demain erreur. De plus, dans les premiers temps surtout, on accordait des exemptions, on faisait des exceptions en faveur de personnes riches ou influentes qui s'étaient distinguées par leurs talents ou leur fortune, et qui auraient bien pu ne pas se soumettre volontiers. Ce ne fut que plus tard. lorsque les querelles théologiques devinrent plus aiguës, qu'on supprima, en théorie du moins, toutes les faveurs. Malgré tout, les rigueurs furent réservées pour les païens, de moins en moins nombreux, et certains hérétiques qui se recrutaient surtout dans les basses classes. Quant aux Ariens, riches et nombreux, on fut pour eux d'une indulgence remarquable, et le pouvoir les ménagea du mieux qu'il put.

§ III

Juifs.

Pendant toute la durée des persécutions contre les chrétiens, alors que ceux-ci avaient été mis hors la loi et livrés au supplice, les Juifs, protégés par les traités et considérés comme une nation vaincue et un peuple à part, avaient joui de la plus entière liberté religieuse. Quand le christianisme eut triomphé, il continua les traditions de la cité romaine, et les Juifs ne furent pas vus d'un mauvais œil par les empereurs successeurs de Constantin. Était-ce tolérance religieuse ? On ne sait, mais il est plus probable qu'en face de la situation florissante de certains Israélites, et des habitudes qu'ils avaient toujours gardées de vivre à part, séparés des autres hommes, dans des quartiers spéciaux, on se montra strictement juste à leur égard, dans les premiers siècles surtout, et on ne prit pas contre eux des dispositions analogues à celles qui furent décrétées contre les païens et les hérétiques.

L'idée générale qui se dégage des lois rendues sur cette question, c'est qu'à tout prix on doit empêcher le prosélytisme. Les Juifs ont une organisation spéciale, ils forment un peuple dans le peuple, ils vivent isolés ; qu'on les laisse libres de se gouverner comme ils l'entendent, mais qu'on veille soigneusement à ce qu'ils ne cherchent pas à recruter de nouveaux adeptes.

Constantin avait appris que plusieurs convertis du judaïsme au christianisme avaient été attaqués par leurs anciens coreligionnaires ; certains avaient été blessés, d'autres tués ; l'empereur ne veut pas que pareil fait se renouvelle, et il ordonne en conséquence de signifier aux notables et aux patriarches juifs que si quelqu'un s'avise d'attaquer un chrétien converti, alors même que l'entreprise aurait échoué, il sera livré aux flammes avec tous ses complices comme coupable de lèse-majesté (1). Celui qui se fera juif sera soumis au même régime que les autres. En revanche, il est interdit formellement aux chrétiens de les troubler dans l'exercice de leur culte ; ils seront punis des peines les plus sévères s'ils s'avisent de détruire ou d'attaquer les synagogues, sous prétexte de religion (2). Dans leur organisation intérieure, le pouvoir civil n'intervient jamais ; organisés comme une corporation religieuse licite, ils ont le droit d'exclure de son sein les membres qu'ils considèrent comme indignes ou déchus ; et ceux-ci ne peuvent pas, sous la protection de la loi, rentrer dans la communauté malgré les anciens et les patriarches (3).

Ceux d'entre eux qui se sont consacrés à l'organisation des synagogues, resteront exempts de toutes les charges, de telle sorte que ceux qui sont déjà investis du décurionat en seront soulagés, et ceux qui ne le sont pas encore demeurent exempts et acquièrent pour toujours cette exemption (4). Les Juifs ne sont pas exclus des fonctions publiques ; ils peuvent s'ils le désirent faire partie de la

(1) Loi 1. XVI. 8. Cod. Th.
(2) Loi 9. eod. tit. Cod. Th.
(5) Loi 8. eod. tit. Cod. Th.
(4) Loi 2, XVI, 8, Cod. Th.

curie (1). Leurs hauts dignitaires : « Prêtres, Archisynagogi, *Patres synagogarum* » sont à jamais libérés de toutes charges corporelles (2), mais il ne leur est pas interdit d'administrer leurs concitoyens païens ou chrétiens. Constance continua aux Juifs la liberté dont ils avaient joui sous le règne de son père, mais il défendit expressément, sous peine de confiscation, la conversion des chrétiens au Judaïsme (3). Arcadius protège soigneusement la libre pratique de la religion juive, il veille à ce que personne ne s'avise d'insulter un des prêtres de ce culte (4), et maintient les privilèges accordés par les anciens empereurs : « Qu'ils soient exempts des charges curiales et qu'ils obéissent à leurs lois propres (5) ». C'est toujours un petit État dans l'État que forment les Juifs pendant toute la durée de l'empire romain. Les prêtres qui ne sont que « *spectabiles* », alors que les patriarches sont « illustres », jouissent des mêmes prérogatives que ces derniers (6).

Les bonnes dispositions d'Arcadius n'étaient pas imitées en Occident par Honorius. En 398, il avait décidé qu'en présence des difficultés présentées par le recrutement des curions, tous ceux qui, de par la loi, auraient dû l'être,

(1) Loi 5, eod. tit.
(2) Loi 4, eod. tit.
(5) Loi 7, eod. tit.
(4) Loi 11, eod. tit.
(5) Loi 15, eod. tit.
(6) Loi 15, eod. tit.

occuperaient cette situation, quelle que fût leur religion (1) :
« Ayant remarqué, dit-il, qu'en Apulie et en Calabre plusieurs « *ordines* » périclitaient à cause des Juifs qui se prévalaient d'une loi rendue en Orient pour refuser les charges », il commande que cette loi ne sera plus mise en vigueur parce qu'elle est nuisible aux intérêts de ses États ; et en conséquence il ordonne que ceux qui le doivent soient tenus de remplir les charges de leur cité. Cette loi ne visait que ceux qui, sans avoir de caractère religieux, s'étaient chargés de diriger les intérêts matériels des synagogues : la loi 165 plus étendue dit spécialement que tous les Juifs, quels qu'ils soient, feront partie de la curie, ce qui annule les dispositions favorables prises en faveur de leurs prêtres et en général de leurs dignitaires religieux.

D'une manière générale il était défendu de citer en justice ou de poursuivre l'exécution des jugements les jours de fêtes religieuses : depuis un certain temps les fêtes païennes n'étaient plus comptées, mais le jour du sabbat ou un jour quelconque de fête juive, on ne pouvait rien faire contre les Juifs, attendu que les autres jours de l'année suffisaient pour les poursuites et la sauvegarde des intérêts du fisc (2). En conséquence, un créancier chrétien ou païen ne peut assigner un Israélite pour ces

(1) Loi 157, XII, 1, Cod. Th.
(2) Loi 26, II, 8 Cod. Th.

jours-là, de même que le Juif ne pourrait pas le faire pour un de ses débiteurs chrétiens.

Les Juifs avaient conservé pendant toute la durée de la domination romaine l'habitude d'envoyer l' « *aurum coronarium* » à leurs patriarches qui centralisaient les recettes : les empereurs ne s'étaient pas inquiétés. Les patriarches envoyaient des émissaires pour recueillir dans les différentes provinces le tribut ainsi dû par les fidèles ; les « *archisynagogi* » ou préfets des synagogues veillaient à son recouvrement. Des abus s'étaient introduits, et ces dignitaires ne s'acquittaient pas, paraît-il, de leur mission avec une probité scrupuleuse. Honorius ordonne que les sommes recueillies seront directement envoyées au Trésor. De cette manière les Juifs pourront se rendre compte que l'empereur a fait cesser dans leur intérêt cette façon de les voler et de les spolier sous prétexte de religion. Des peines seront prononcées contre ceux qui auront l'audace de percevoir illégalement cet impôt (1). Cette réforme ne réussit probablement pas, et peut-être les agents du fisc se montrèrent-ils plus avides et plus cruels que leurs prédécesseurs ; car cinq années plus tard, l'empereur revenant sur ses dispositions antérieures permit d'envoyer l' « *aurum coronarium* » aux patriarches, afin que les anciennes coutumes ne tombassent pas en désuétude (2). C'est la

(1) Loi 14, XVI, 8, Cod. Th.
(2) Loi 17, eod. tit., Cod. Th.

raison alléguée la plupart du temps par les empereurs romains lorsque l'innovation qu'ils ont tentée leur a paru malheureuse.

L'autorité protégeait de son mieux l'exercice du culte Israélite, mais elle entendait qu'en retour les mesures d'exception favorables qu'on avait prises pour les Juifs ne les excitassent pas à troubler l'ordre public. Ils avaient la coutume de célébrer une grande fête pour rappeler le supplice d'Aman; des abus en étaient résultés ; la loi de 408 l'interdit formellement, et commanda aux préfets des provinces de veiller à ce que la croix ne fût insultée d'aucune manière (1), et le souvenir de la mise en croix d'Aman, l'ennemi des juifs, semble à l'empereur se prêter à de fâcheuses analogies.

Tout en veillant à ce que la liberté ne soit pas violée, les empereurs ont soin avant tout d'empêcher toute tentative abusive de prosélytisme religieux. Constance avait puni de confiscation toute conversion au Judaïsme. Honorius et Théodose, complétant ces mesures de coercition, décident que tout juif convaincu d'avoir circoncis un chrétien sera frappé de la confiscation de ses biens et d'un exil perpétuel (2). S'il est absolument défendu aux chrétiens d'attaquer et de démolir les synagogues, il l'est aussi

(1) Loi 18, XVI, 8, Cod. Th.
(2) Loi 26, cod. tit.

pour les Juifs d'en élever de nouvelles. Quant à ce qui concerne les droits purement privés, les Juifs sont traités sur le pied d'une égalité parfaite ; ils ont même l'avantage de pouvoir vivre à leur choix selon le régime de leur loi propre ou celui de la loi romaine, suivant leurs coutumes ou celles des autres peuples.

L'idée qui domine la législation romaine de cette époque tout entière, d'empêcher les adhésions au Judaïsme, va nous apparaître ici encore par le soin que mettent les constitutions impériales à veiller sur les alliances mixtes. Celle de 388 interdit, sous les peines réservées à l'adultère, l'union d'un juif avec une chrétienne ou d'un chrétien avec une juive : cette peine est la mort. Le droit de poursuivre les délinquants appartient non seulement à leurs proches parents, mais encore à tous : c'est une action populaire. Jugée par le tribunal de ses proches, la femme sera condamnée à la peine capitale.

Une coutume que la loi judaïque permettait, celle de la polygamie ne pouvait pas être admise par la législation romaine. Chez les Romains elle était punie de l'infamie ; les juifs furent comme les autres sujets de l'empire soumis au même régime dans le cas où ils transgresseraient les préceptes de la loi.

Malgré tous les adoucissements amenés par les mœurs et surtout par l'influence du christianisme dans la situation des esclaves, ceux-ci n'en étaient pas moins considérés en principe comme la chose de leurs maîtres, et forcés d'obéir à ses volontés. Prévoyant l'influence que pourraient avoir les menaces ou les promesses pour séduire les esclaves et les amener à une abjuration, la loi interdit aux juifs la possession d'un esclave chrétien. Théodose leur défendit d'acheter un esclave chrétien, ou s'ils venaient à en posséder un de le souiller en le soumettant aux cérémonies de leur culte ; si le propriétaire est convaincu de s'être rendu coupable de ce délit, il sera puni par les lois et son esclave sera affranchi.

Constantin avait, en 335, décidé qu'un esclave, de quelque religion qu'il fût, circoncis par son maître, devenait libre de plein droit (1) : Constance, que s'il l'avait été par un juif, il devenait la propriété du fisc ; si le maître l'a circoncis, celui-ci non seulement perd la propriété de son esclave, mais encore est frappé de la peine de mort. Honorius, plus indulgent, permit aux juifs la possession des esclaves chrétiens, mais à cette condition qu'ils leur laisseraient la plus grande liberté pour se livrer aux exercices de leur religion. Les fonctionnaires doivent veiller soigneusement à ce que rien ne soit tenté contre ces dispositions de la loi, et punir toute infraction avec la plus grande sévérité (2). En somme, sous le régime du Code Théodo-

(1) Loi 1, XVI, 9, Cod. Th.
(2) Loi 5 XVI, 9, Cod. Th.

sien, il est défendu aux Juifs d'acquérir des esclaves chrétiens à titre onéreux ; ils peuvent cependant en posséder, et ne perdent leurs droits que par une attaque contre la liberté de conscience de leurs esclaves.

La circoncision avait été par la loi 26 punie de l'exil, quand le circoncis avait consenti à ce symbole d'abjuration ; la novelle 3 prononça la peine de mort.

Si les empereurs se montrent prévoyants pour empêcher les conversions au Judaïsme, ils veillent avec non moins de soin à ce que les Juifs ne soient pas empêchés de se faire chrétiens. Voici un des cas où les intérêts matériels du nouveau converti pourraient être menacés : La loi suppose que son père ou sa mère, dans leur testament, l'ont exhérédé ou omis. Le testament est considéré comme nul, et l'héritier arrive *ab intestat*. De plus, si en dehors de la religion il existait une cause d'exhérédation, le converti ne peut pas, contrairement à la loi et à la coutume, être dépouillé complètement, il lui restera toujours sa légitime. (1).

Nous avons dit que les Juifs vivaient sous le régime de leurs lois particulières ; ceux d'entre eux qui vivaient sous le droit commun étaient soumis à la juridiction légitime, cela paraît naturel. Théodose II décida même que

(1) Loi 28. XVI, 8. Cod. Th.

les conflits entre Juifs seraient jugés par les tribunaux ordinaires (1).

Les plaideurs ont cependant le droit de se choisir un arbitre et de prendre pour cet office un de leurs Anciens. Pour ce qui concerne la question religieuse et les questions civiles qui peuvent s'y rattacher, les Juifs conservent leurs tribunaux spéciaux. Ils pouvaient d'abord aspirer à toutes les fonctions administratives ; une loi rendue sous Honorius (2) décida qu'il ne pourraient être nommés à une des situations du palais, ni aspirer aux grades militaires. Ils conservent cependant les fonctions municipales, surtout, semble-t-il, parce qu'elles sont plutôt une charge qu'un bénéfice.

En résumé, comme il est facile de s'en rendre compte, la situation légale des Juifs sous les premiers empereurs chrétiens fut de beaucoup la meilleure. Conservant presque tous les avantages dont ils jouissaient autrefois en vertu des traités, ils vivaient sur le pied de l'égalité avec les autres citoyens. On se contentait d'empêcher la propagation de leur religion en réprimant les tentatives de prosélytisme et en interdisant les mariages mixtes.

Mais à la fin de cette période, une réaction, légère il est vrai, se fait sentir. Remarquant que les Juifs occupent

(1) Loi 10, II, 1. Cod. Th.
(2) Loi 24. XVI, 8. Cod. Th.

dans le monde une situation à part, qu'ils ne se mêlent pas aux autres peuples, on s'habitue graduellement à l'idée de les traiter comme des exceptions, et on commence à leur retirer peu à peu les avantages dont ils avaient été doués jusqu'alors par les lois ou la coutume établie.

CHAPITRE V

RÉGIME DU CODE DE JUSTINIEN

———

A ne considérer que les textes de la loi, les préoccupations de l'autorité civile concernant la religion paraissent
beaucoup moins vives sous ce régime que sous le régime
précédent. La période où les dissidents pouvaient effica-
ment faire opposition au pouvoir impérial semble passée,
la religion catholique est solidement établie et n'a pas à
redouter les entreprises de ses adversaires. Mais de plus
en plus, l'empereur de Constantinople en arrive à se croire
le représentant de Dieu pour tout ce qui concerne la foi;
et comme le dit Gibbon (1) : « Au milieu de l'effervescence
de ce siècle où la valeur ou même le son d'une syllabe
suffisaient pour troubler la paix du monde romain, les
séditions théologiques furent de plus en plus nombreuses
à Constantinople ». Le caractère hésitant et indécis de

(1) *Histoire de la Déc. de l'Emp. romain.* T. I.

Justinien semble dans les questions brûlantes de doctrine avoir conquis une énergie et une décision extraordinaires. Il prend part aux controverses, il fait lui-même des conférences, et ses adversaires politiques se moquent de sa manie d'ergoter à tout propos. Tant qu'il fut d'accord avec les doctrines de l'Église Romaine, Justinien se contenta d'exiger l'observance stricte des préceptes de la foi catholique; plus tard, il inventa lui-même des doctrines extraordinaires et il fut étonné de ne pas les voir adoptées par ses sujets. Aussi, tous les opposants sont-ils poursuivis avec la dernière énergie. Justinien se croit revenu au temps des anciens empereurs; l'idée d'une religion qui ne serait pas nationale et par conséquent échapperait à la direction ou au moins au contrôle de l'autorité civile, n'a jamais été complètement adoptée, même après le triomphe du christianisme qui fait appel à toutes les bonnes volontés d'où qu'elles viennent. Le souverain le plus éclairé et le plus philosophe se croit toujours plus ou moins maître de la conscience comme des existences de ses sujets, et Justinien était trop jaloux de son autorité pour rompre ainsi en visière aux traditions consacrées depuis si longtemps.

§ 1

PAÏENS.

Malgré tout le zèle de certains fonctionnaires impériaux, le paganisme n'avait pas encore disparu : les traditions vieilles de plusieurs siècles, qui avaient autrefois fait la gloire et la prospérité de la patrie romaine s'étaient conservées intactes chez une multitude d'individus ; et, parmi ceux qui avaient fait adhésion au christianisme, combien n'y étaient pas attachés de cœur et continuaient en secret les pratiques superstitieuses du culte proscrit. Tant que son pouvoir ne fut pas solidement établi, alors qu'il pouvait se croire menacé par les Barbares ou des compétiteurs jaloux de son élévation à la dignité impériale, Justinien se contenta de laisser à l'initiative des gouverneurs de provinces le soin d'appliquer les mesures ordonnées par le Code Théodosien. Plus tard, il nomme un inquisiteur de la foi, et on découvre encore des magistrats, des gens de loi, des médecins attachés à la « superstition grecque ». Sommés d'abjurer leurs erreurs, et de se faire chrétiens, ils obéissent pour la plupart avec un empressement qui montre le peu de solidité de leurs convictions. Le patricien Photius refuse d'obéir aux ordres de l'empereur et se perce d'un coup de poignard.

Soixante-dix mille païens sont baptisés en Asie-Mineure, Phrygie, Lydie et Carie ; on bâtit en même temps quatre vingt-seize églises nouvelles (1). L'ardeur du prosélytisme se maintient toujours, les dénonciations se font nombreuses, et les païens traqués avec soin sont forcés de se soumettre.

Le titre XI du Livre Ier du Code qui étudie leur condition civile commence par reproduire brièvement plusieurs constitutions des empereurs précédents, et continue force de loi à leurs dispositions. Les temples doivent être fermés, leur accès interdit à tous ; les sacrifices publics sont punis de la peine de mort, les pratiques de l'aruspicine frappées du châtiment de la croix. Cependant, de même qu'autrefois, on ne doit, sous aucun prétexte, dégrader les monuments qui avaient été consacrés à l'exercice du culte païen ; les réunions de citoyens et les réjouissances publiques à l'occasion d'une fête ne doivent pas être entravées. En dehors des sacrifices, toutes les occasions de plaisir pour le peuple, que la longue coutume a admises, doivent être maintenues. On doit faire de même pour les repas publics lorsqu'un vote du peuple les a décrétés (2). Les temples et en général tous les endroits qui servaient à l'exercice du culte font retour au fisc, sauf les biens

(1) Théophane. Chron., p. 153.
(2) Lois 1, 2, 3, 4, 1, 11. Code.

qui ont pu être donnés à des sujets fidèles de l'empereur, pour les récompenser de leur zèle.

Nous avons dit que dans la période précédente, une des caractéristiques des poursuites contre les païens avait été les mouvements populaires. C'est souvent sous la pression de factions turbulentes qui se couvraient du manteau de la religion, que les gouverneurs de province s'étaient montrés sévères alors que d'autres appliquaient mal la loi ou ne l'appliquaient pas du tout. Des bandes de mutins parcouraient les villes et les campagnes, attaquant les païens ou les juifs, démolissant les temples, brisant les statues des dieux. Justinien, pour éviter le retour de ces abus, décide que dans tous les cas les chrétiens doivent laisser à l'administration impériale le soin de surveiller les païens, et ne pas s'aviser, sous prétexte de religion, d'attaquer les païens et les juifs qui vivent en paix. S'ils ont l'audace de les attaquer ou de piller leurs biens, ils seront condamnés, non seulement à restituer les objets volés, mais encore à payer le double de leur valeur. Que les gouverneurs de province, leurs « *Officia* » ou les « *Principales* » sachent bien que s'ils laissent se produire de pareils désordres et ne les répriment pas, ils seront punis de la même manière que les auteurs de ces méfaits (1).

L'empereur désire conserver sa liberté d'action pleine

____

(1) Loi 6. Eod. Tit. C.

et entière ; il ne veut pas que des individus se croient en droit de faire la loi, et amènent des troubles dans l'étendue de son empire. Si les païens doivent être poursuivis, ils ne le seront que par les autorités régulières et non par des troupes de factieux. La loi a du reste veillé à ce que le paganisme disparût peu à peu, en frappant ses adeptes de peines sévères. La constitution de Valentinien III et de Marcien dit que si quelqu'un d'entre eux essaie de pratiquer des sacrifices ou d'honorer les dieux de quelque manière que ce soit, il sera traduit devant le tribunal, ses biens seront confisqués et lui-même frappé de proscription. Si le gouverneur de la province, une fois le crime bien et dûment constaté, hésite à poursuivre l'application de la loi, il sera condamné à 50 livres d'or d'amende, et son « *Officium* » également (1).

La constitution de Léon le Grand pour l'Orient, et d'Anthémius pour l'Occident, veille à ce que les païens ne puissent pas se procurer des endroits de réunion. Elle suppose le cas où quelqu'un a fait un sacrifice ou un acte quelconque de paganisme sur le fonds de terre ou dans la maison d'un tiers avec la complicité de ce dernier.

« Comme celui qui essaie de se livrer à ces pratiques superstitieuses ou de les favoriser, sait parfaitement quel crime il commet : dans le cas où le sacrifice aurait eu lieu

____

(1) Loi 6. Eod. Tit. C.

sur le fonds de terre ou dans la maison d'un tiers, ce fonds de terre et cette maison appartiendront au fisc. Quant au propriétaire légitime qui savait à quoi s'en tenir, s'il est investi de quelque dignité civile ou militaire, il en sera dépouillé et tous ses biens seront confisqués ; s'il est un simple citoyen, après avoir été mis à la torture, il sera envoyé aux mines ou en exil (1).

La loi 12 1. 16 du Code Théodosien prévoyait un cas analogue ; il punissait le tiers propriétaire du fonds d'une amende de 25 livres d'or de même que l'auteur du délit ; le châtiment, singulièrement aggravé, est allé jusqu'à cette exagération que pour un acte qui souvent ne sera que de pure complaisance, pour un délit qui pourra facilement être commis, même par un chrétien, le coupable sera frappé de la dégradation civique ou des mines suivant le rang qu'il occupait dans la société.

Justinien, dans la loi suivante, prévoit le cas autrefois très fréquent, où des biens seraient légués à des particuliers avec l'intention de les faire servir au maintien de la religion païenne. Ces biens appartiendront soit aux villes où habitent ces particuliers, elles en auront l'usufruit légal, soit aux cités sur les territoires desquels les héritages en question seront situés (2).

(1) Loi 8. Eod. Tit. C.
(2) Loi 9. Eod. Tit. C.

L'empereur n'a pas osé sans doute, dans ces circonstances, attribuer au fisc des biens qui ne lui étaient pas
destinés par le testateur, il a respecté cette volonté nettement exprimée, mais plus tard il aura moins de scrupules.
D'un autre côté, il ne devait pas oublier que le meilleur
moyen d'amener à bref délai l'extinction du paganisme
était de l'empêcher de pouvoir se procurer des ressources ;
il a pris un moyen terme en attribuant ainsi aux cités les
biens que la piété des fidèles de l'antique religion avait
légués dans un but non autorisé par les lois.

Les prédécesseurs de Justinien, tout en portant des
peines sévères contre les sectateurs du paganisme, ne
semblent pas avoir cherché beaucoup les mesures propres
à amener leur conversion dans un délai donné ; ils s'occupent surtout de punir les délinquants. Les constitutions 9
et 10 du Code se soucient davantage d'assurer l'exécution
des ordres donnés d'en haut, en même temps que d'obliger les païens à se convertir. La loi ordonne aux magistrats des provinces de s'entendre dans ce but avec les
évêques ; de faire des enquêtes, d'empêcher les délits de
se commettre et de punir ceux qui se seront commis. Si
leur répression venait à dépasser les pouvoirs d'un gouverneur de province, les faits délictueux doivent être soumis au jugement de l'empereur. Toutes les peines prononcées par les souverains antérieurs à Justinien contre
le paganisme ou en faveur de la religion orthodoxe, doi-

vent être considérés comme valables actuellement et pour toujours (1). Ceux qui ne sont pas encore baptisés doivent se rendre aux églises avec leurs femmes et leurs enfants; ces derniers seront baptisés sans retard. Quant aux adultes, ils doivent, avant cette cérémonie, recevoir une certaine instruction religieuse, et ce n'est que quand ils auront des notions suffisantes sur la religion, qu'on procédera à leur baptême. Le retour aux anciennes erreurs est sévèrement puni. L'empereur a appris que plusieurs faits délictueux se sont produits dans cet ordre d'idées. Plusieurs, après avoir reçu le baptême, ont fait des sacrifices aux faux dieux : il rappelle que, dans ce cas, les coupables seront désormais punis de mort.

Il fallait prévoir le cas où les païens simuleraient l'obéissance aux ordres de l'empereur pour conserver les dignités civiles ou militaires dont ils étaient revêtus : « S'ils laissent dans l'erreur leurs femmes, leurs enfants, leurs esclaves, en général ceux qui les touchent de près et leur sont unis par nécessité », autrement dit tous ceux qui, à quelque titre que ce soit, sont sous leur puissance, alors ils sont frappés de la confiscation, punis comme il convient et ne peuvent entrer dans les charges publiques (2).

____

(1) Loi 9. Eod. Tit. C.
  (2) Loi 10 § 1 et 2. Eod. Tit. C.

Plus la désobéissance aux ordres donnés est formelle, plus la peine est importante. Les païens qui ne se feront pas baptiser ne participeront à aucun titre au gouvernement de la chose publique; et, disposition beaucoup plus sévère, ils ne pourront plus être propriétaires soit de meubles, soit d'immeubles, ils sont frappés de confiscations et envoyés en exil (1). A aucun titre ils n'ont le droit d'enseigner en public, d'être avocats, de participer aux « *annones* », d'exercer aucune fonction. Ces mesures leur sont du reste communes avec tous ceux qui, en général, ne font pas profession de foi orthodoxe. L'empereur ne veut avoir comme fonctionnaires que des individus ayant les mêmes croyances que lui, et il frappe tous les dissidents d'une espèce d'incapacité générale d'arriver aux dignités sauf à celles qui sont en même temps de lourdes charges.

Dans le domaine du droit privé, il fut beaucoup moins large que ses prédécesseurs. Comme nous le verrons plus loin, il prive certains hérétiques du droit de faire un testament valable et permet aux héritiers orthodoxes d'exclure ceux qui ne le sont pas, et parmi eux les païens. Ces derniers sont même traités aussi défavorablement que les Manichéens dans des circonstances que nous expliquerons plus au long. Ils ne peuvent pas témoigner en

(1) Loi 10 § 5. C.

justice lorsqu'un des plaideurs est de religion catholique (1). C'est tout juste si on leur permet de figurer comme témoins dans les contrats ou les testaments.

Comme les hérétiques et les juifs, le « *Graecus* », c'est-à-dire le païen, ne peut acquérir ou conserver la propriété ou la possession d'un esclave chrétien. Celui-ci acquis par un païen, un hérétique ou un juif est émancipé par le fait, et l'acquéreur paie une amende de 30 livres d'or (2). Cette disposition sous le régime précédent ne concernait que le juif que l'on considérait à tort ou à raison comme animé d'un plus grand zèle de prosélytisme, et le but que l'on poursuivait était précisément d'empêcher les conversions au Judaïsme.

Les païens n'ayant plus une existence légale disparurent-ils complètement de l'empire ? Nous avons dit plus haut qu'ils furent recherchés avec beaucoup de soin par les fonctionnaires impériaux et qu'ils se soumirent en général avec facilité, au moins en apparence. D'ailleurs leurs partisans n'étaient plus puissants à la cour ; comme les premiers chrétiens, ils ne se recrutaient plus guère que dans les basses classes toujours plus attachées aux vieilles traditions, et les luttes pour la suprématie continuèrent surtout entre les catholiques et les hérétiques, jusqu'au schisme définitif de Photius en 862.

1) Loi 22. Eod. tit. C.
(2) Loi 2. l. 10. Ne chr. manc. C.

§ II

HÉRÉTIQUES.

A plusieurs reprises les empereurs Ariens avaient occupé le trône, et les représentants de cette doctrine, après s'être répandus dans tout l'Orient, étaient encore nombreux à l'avènement de Justinien. Aussi, ce dernier se garda-t-il de les attaquer en face, et réserva-t-il ses rigueurs pour ceux des dissidents qui ne se recrutaient pas parmi les hauts personnages de l'État. Dans son ardeur de prosélytisme, il se livre à une véritable persécution contre les opposants et n'accorde que trois mois pour choisir entre la conversion et l'exil. Les Montanistes sont massacrés dans plusieurs villes de l'empire ; les Manichéens expulsés du territoire romain ; les Samaritains de Palestine, que l'on considérait comme des Juifs non orthodoxes, se révoltent et attaquent les chrétiens. Les Arabes qu'on envoie contre eux en égorgent vingt mille et en vendent vingt mille comme esclaves (1). Peut-on prendre à la lettre le témoignage toujours un peu suspect de Procope, qui prétend (2) qu'on employa le fer et la flamme pour établir l'unité de la foi chrétienne ? A

(1) Théoph., p. 152.
(2) Anecd., chap. 15.

ne considérer que les textes de lois qui parlent toujours de peines sévères prononcées contre les dissidents, on pourrait croire que Procope n'exagérait rien, et pourtant les historiens du temps ne parlent que d'une façon accidentelle des mesures coercitives prises contre les païens et les hérétiques. La révolte des Samaritains fut évidemment causée par les décisions prises contre eux ; elle fut punie avec rigueur. Il s'agissait ici de la prise d'armes d'un peuple tout entier et les Romains, en général, ne se montrèrent pas indulgents pour les révoltés de toute espèce ; d'ailleurs les guerres contre les Juifs et les Samaritains furent toujours d'autant plus sanglantes que les ennemis mettaient un acharnement plus grand dans leurs attaques contre le pouvoir légitime. D'autre part, plusieurs sectes hérétiques, surtout celle des Ariens, continuèrent à vivre en paix, bien que les lois contiennent presque toutes des dispositions générales concernant tous les non orthodoxes.

Conservant à leur égard la même ligne de conduite qui est suivie dans le Code théodosien, Justinien, aux dispositions législatives de ses prédécesseurs, ajoute en somme peu de choses. L'ennemi traditionnel est toujours le Manichéen, que l'on considère comme le plus dangereux des adversaires de la foi et par suite du souverain orthodoxe. Sa condition se résume en un mot : Il n'a pas d'existence civile. Si on le découvre, on le punit de mort ; il est incapable de donner, de recevoir, de figurer à un contrat quelconque : ces dispositions sont reproduites de la Constitution d'Honorius et de Théodose : quant aux autres hérétiques, dont la longue énumération est dans la loi 5, ils ne peuvent se réunir pour se livrer aux pratiques de leur culte.

Les sectateurs d'Eutychès étaient très nombreux et puissants dans la province d'Afrique où leur présence constituait un véritable danger à cause des troubles qu'ils excitaient dans cette province. Une constitution des empereurs Valentinien III et Marcien, rendue en 455 et insérée au Code Justinien, prend des mesures pour amener l'extinction de cette hérésie : « Tous ceux qui, soit à Alexandrie, soit dans le diocèse d'Égypte et dans les autres provinces, suivent les doctrines perverses d'Eutychès, et ne croient pas au symbole de Nicée et à l'enseignement du synode de Chalcédoine, doivent être considérés comme des hérétiques Appolinaristes, et frappés des peines prononcées contre ces derniers. Il leur est interdit d'ordonner des prêtres ou des évêques ; ceux qui auraient l'audace de le faire comme ceux qui auraient permis qu'on les consacrât, seront punis de la même façon : ils seront envoyés en exil après confiscation de leurs biens. En outre, tous les Appolinaristes ou partisans d'Eutychès n'ont pas le droit de se construire des églises ou des monastères, de tenir des conciliabules et des assemblées soit diurnes, soit nocturnes. Qu'ils se gardent bien de se rassembler soit dans un monastère, soit dans le terrain de l'un d'eux, à l'effet de célébrer leurs offices divins. S'ils viennent à contrevenir à cette dernière défense avec le consentement du propriétaire, le châtiment sera le suivant : après examen préalable du juge, la maison ou le fonds de terre seront immédiatement adjugés au fisc ; le monastère appartiendra à l'église orthodoxe de la ville sur le territoire de laquelle il est situé. Le légitime propriétaire a pu ignorer l'usage que l'on voulait faire de son bien ; il a pu louer à quelqu'un sa maison ou son fonds de terre. Dans ce cas, le locataire sera poursuivi s'il a lui-même pris soin de tenir les réunions prohibées, ou s'il les a tolérées. S'il est « *humilior* », il sera frappé de verges afin de servir d'exemple aux autres ; s'il est d'un rang social plus élevé, il devra seulement payer une amende de dix livres d'or (1). De plus, aucun d'entre eux n'a le droit d'aspirer aux dignités militaires ; si par hasard on en découvre un dans l'armée, après l'avoir dégradé, on doit le renvoyer dans ses foyers, en lui interdisant le séjour d'une autre ville que de sa ville natale et de la contrée qui l'environne. Ceux, cependant, qui sont originaires de Constantinople doivent être expulsés de la ville et relégués dans les provinces. On leur refuse absolument le droit de tenir des assemblées contradictoires et de discuter en

_____

(1) Loi 8. 1. ld. 5. C.

public leurs opinions afin qu'ils ne puissent pas répandre les semences de leurs funestes doctrines. Il est même défendu à qui que ce soit de prononcer en public ou d'écrire quelque chose contre les opinions formulées par le concile de Chalcédoine. Les païens, dans les dernières persécutions contre les chrétiens, exigeaient la tradition des livres saints afin de les détruire : Marcien prononce de même que personne ne doit avoir l'audace de conserver les livres où les doctrines funestes des Eutychiens sont exposées, et cela sous peine d'exil perpétuel. Ceux qui, même simplement poussés par le désir de s'instruire discuteraient en public ces théories religieuses, seraient punis d'une amende de dix livres d'or et ceux qui voudraient les enseigner, frappés de la peine de mort. Tous les documents ou livres qui contiennent les dogmes d'Eutychés doivent être brûlés. Les gouverneurs des provinces et les défenseurs des cités doivent veiller avec le plus grand soin à l'exécution des ordres de l'empereur, sans quoi ils sont, eux aussi, passibles d'une amende de dix livres d'or, et risquent même, dans le cas où leur négligence paraîtrait coupable, de perdre leur « *existimatio* », c'est-à-dire d'être déchus de certains droits civiques et mis en une espèce d'interdiction légale.

Il est permis de croire, à la lecture de cette longue loi que les sectateurs d'Eutychés avaient été cause de désordres fréquents dans cette province d'Afrique toujours favorable aux novateurs, qui accueillait avec empressement les occasions de révolte, surtout lorsqu'elles étaient amenées par des discussions théologiques. Valentinien et Marcien poursuivant avec énergie cette secte d'hérétiques ont prévu à peu près tous les cas pour les châtier. Nous retrouvons au titre VII du Code « *De Apostatis* », une autre disposition de cette loi de 455 concernant les prêtres hérétiques. Les deux empereurs déclarent que les moines et les prêtres qui auront fait adhésion aux doctrines d'Eutychès, seront tenus des peines que les lois anciennes ont porté contre les Manichéens, et en conséquence expulsés du territoire romain (1). Ceux qui contreviendront à cet arrêté d'expulsion seront punis de mort. Plusieurs magistrats zélés avaient sans doute outrepassé les ordres de l'empereur, en refusant une sépulture honorable aux hérétiques restés fermes jusqu'à la mort dans leurs opinions ; aussi en 457, l'empereur Marcien par un motif d'humanité et de piété envers les morts, permet-il de faire aux hérétiques des funérailles honorables comme aux autres citoyens (2), et cette disposition est formellement reconnue par Justinien.

La constitution de l'empereur Anastase, donnée en 511, s'occupe d'une question de droit privé qui touche à la

(1) Loi 6, I. 7. C. J.
(2) Loi 9, I. 5. C. J.

question religieuse. Elle suppose une vente soit réelle, soit fictive, faite par un orthodoxe à un hérétique, d'un fonds de terre ou en général d'un bien immobilier contenant une église ou un oratoire catholique. La loi décide que cette vente est nulle et considérée comme non avenue, à quelque titre qu'elle ait été faite.

La constitution de Théodose et de Valentinien, donnée en 428 et toujours en vigueur (1), prévoyait une situation différente, celle de legs ou de donation, et prononçait dans cette occasion l'adjudication à l'Eglise catholique des biens donnés ou laissés aux hérétiques. La loi qui nous occupe, dans son second dispositif prévoit le même cas, et transfère au fisc la propriété des biens transmis à un hérétique à un titre quelconque autre que la vente. Les dispositions de la loi sont donc de deux sortes : en cas de vente, nullité du contrat ; en cas de donation ou de legs, confiscation. On ne s'explique pas très bien le pourquoi de cette différence ; mais en tout cas, on aperçoit très bien la tendance de Justinien, qui est de se considérer comme le représentant autorisé de Dieu au point de vue temporel, et par suite de se substituer à l'Eglise dans la prise de possession des monuments consacrés au culte. Dans les deux circonstances prévues, la première chose à faire est de rétablir la religion dans

(1) Loi 5, 1. 5. C.

les églises ou les oratoires situés sur les fonds de terre en question. La prévoyance de l'empereur ne peut en effet permettre que le culte du vrai Dieu s'éteigne dans les endroits où il devait être rendu à jamais, et c'est ce qui ne manquerait pas d'arriver si les hérétiques s'emparaient de ces églises : en effet, en supposant même que rien ne fût changé à l'état de choses établi, les vrais fidèles ne manqueraient pas de les déserter, en les voyant aux mains des hérétiques, et ces églises seraient en peu de temps détruites (1). C'étaient d'excellentes raisons, on le voit, et c'est en s'appuyant sur les nécessités religieuses que l'empereur Anastase, suivi par Justinien, rendait, dans une certaine mesure, indisponibles à leurs propriétaires légitimes, les fonds de terre où se trouvaient des lieux de réunions religieuses.

Ce qui tendrait à prouver qu'au moins dans les commencements de son règne, Justinien avait été tolérant en laissant en repos plusieurs sectes d'hérétiques, ce sont les premiers mots d'une constitution donnée par son oncle Justin et par lui-même, insérée au Code sous l'année 527. Il y est dit : « *Hæreticis ideo convenire et propriam denominationem habere permisimus, ut patentiæ nostræ pudore sponte resispicerent et ad meliora revertantur* » (2). Ces bonnes dispositions de l'Empereur n'ont

(1) Loi 10, 1 5. C.
(2) Loi 12. Eod. tit. C.

pas duré, car dans la suite de la loi, s'appuyant sur le mauvais vouloir des hérétiques en général, que la douceur n'a pas ramenés à de meilleurs sentiments ; prétextant leur audace et leur refus d'obéissance, il remet en vigueur toutes les anciennes lois, et déclare même que cela ne lui suffira pas. Les Manichéens en particulier continuent à être traités en ennemis du genre humain, la loi précédente avait décidé qu'ils ne pourraient habiter aucune partie du territoire romain ; les rebelles devaient être punis de mort (1) ; celle-ci rappelle les peines prononcées contre eux. Quant aux autres hérétiques, quel que soit leur nom, et par hérétique on doit entendre tous ceux qui ne croient pas au vrai Dieu, en y comprenant les païens, les Juifs et les Samaritains, on remet en vigueur les lois anciennes, et on en fera de nouvelles pour donner des avantages et des honneurs particuliers à ceux qui feront profession de la vraie foi. Il faut que tous les dissidents soient privés même des biens terrestres.

En conséquence, ils ne peuvent aspirer à aucune dignité militaire et sont expulsés de l'armée, si ce n'est des cohortes qu'on pourrait appeler prétoriennes, gardes du corps de l'empereur, où les fils remplaçaient les pères et qui étaient plutôt une charge qu'un honneur. La loi continue, énumérant les fonctions que ne pourront pas remplir les non

(1) Loi 11. Eod. tit. C.

orthodoxes, et donnant les raisons plus ou moins sérieuses de ces mesures : « *Defensores civitatum* », depuis assez longtemps déjà ils ne pouvaient l'être ; on leur refuse le droit d'être avocats ou conseils dans les procès : ceux qui au moment de la promulgation de la loi seraient déjà investis de quelque dignité sont immédiatement cassés. Si, contre les dispositions de la loi un d'entre eux, en dissimulant ses opinions religieuses, a acquis une dignité qui lui était interdite, il est passible d'une amende de trente livres d'or ; et les scribes qui, connaissant sa qualité, l'auraient inscrit, d'une amende de huit livres. Les magistrats qui, dans leur « *Officium* », auraient sciemment un hérétique paient cinquante livres d'amende. C'est donc l'exclusion complète des hérétiques de toutes les fonctions gouvernementales ; c'est même l'interdiction absolue de tout accès à la vie publique, par contre, en dépouillant ainsi de nombreux citoyens romains, l'empereur admet à tous les honneurs les Goths orthodoxes qu'il a, dit-il, reconnus comme de bons et fidèles alliés (1).

Justinien dans ces matières va beaucoup plus loin que n'importe lequel de ses prédécesseurs, et intervient même dans l'organisation de la famille romaine. Il suppose un mariage mixte : le père et la mère sont de religion différente ; les enfants doivent être élevés dans la foi catho-

(1) Loi 12. Eod. tit. C.

lique. Bien plus, désirant porter secours aux enfants que les questions religieuses pourraient avoir brouillés avec leur famille , il décide que l'enfant catholique a droit aux aliments et à tout ce qui est nécessaire à sa subsistance, dans la mesure toutefois des moyens du père. De même, quand il n'existe pas d'autre cause de dissentiment que la religion, le père doit constituer une dot à sa fille ou faire la donation « *ante nuptias* » à son fils. C'est un moyen pour l'un et l'autre quand ils ont des torts cachés d'obliger leur père à les doter. Les magistrats sont chargés en même temps que les évêques de veiller à la bonne exécution de ces lois. Cette intervention de l'autorité dans la constitution de la famille n'était pas faite pour redonner de la vigueur à l'autorité paternelle déjà fortement attaquée, et il était vraiment facile à un fils de lui échapper, si elle paraissait trop lourde, en simulant une abjuration ou une conversion à la foi catholique. Les enfants catholiques sont encore favorisés dans les dispositions testamentaires , ils héritent *ab intestat* de leurs parents quelles que soient les dispositions de ceux-ci faites contre eux ; de plus même dans un cas légitime d'exhérédation, ils ont droit à leur quarte (1). Les enfants hérétiques ne sont pas encore pour cela privés des biens paternels, ils viennent en concurrence avec les catholiques, sauf les avantages faits à

(1) Loi 13. Eod. tit. C.

ces derniers. De même, les parents hérétiques peuvent valablement faire un testament ou un acte de dernière volonté. Exception est faite pour les Manichéens toujours plus sévèrement traités que les autres. Ils ne peuvent instituer un héritier, faire un legs ou une donation. Seuls leurs enfants succèdent quand ils sont orthodoxes, et dans le cas où le Manichéen ne laisserait pas d'enfant légitime, si ses enfants étaient eux-mêmes des Manichéens, les dispositions de dernière volonté qu'il a pu prendre sont nulles et de nul effet, et ses biens adjugés au fisc (1). Quant à celui qui, après avoir abjuré le manichéisme et fait profession de foi catholique, vient à retomber dans ses anciennes erreurs, il doit être immédiatement, le fait connu, puni de mort, et les fonctionnaires sont tenus à ce que la punition soit exécutée le plus rapidement possible (2).

Imitant en cela le Code, nous considérons les Samaritains comme des hérétiques, d'autant que leur condition est souvent confondue avec celle des dissidents chrétiens ou des païens les moins bien traités par la loi. Nous avons vu qu'ils s'étaient révoltés contre l'autorité de l'empereur ; la loi 17 ordonne que toutes leurs synagogues seront démolies ou brûlées, et qu'on les punira s'ils essaient d'en élever de nouvelles. Comme les Manichéens, ils ne pour-

(1) Loi 15. Eod. Tit. C.
(2) Loi 16. Eod. Tit. C.

ront avoir que des successeurs orthodoxes ; à eux seuls ils pourront faire des legs ou des donations. La loi suivante, unifiant le régime appliqué à tous les hérétiques, peut-être pour les amener à se convertir, en énumère un certain nombre et leur fait subir les lois faites pour les Manichéens et les Samaritains. Ils ne pourront, eux aussi, faire ni testament, ni donation ; leurs dispositions de dernière volonté ne seront valables qu'autant qu'elles s'adresseront à des héritiers de religion catholique, et cela que la personne désignée soit un cognat ou un étranger, peu importe (1). Le fisc s'empare de toutes les choses léguées à un hérétique ou des hérédités par lui laissées. L'empereur va beaucoup plus loin dans une circonstance qu'il avait déjà prévue dans les lois 12 et 13. Il suppose en présence d'un héritage à recueillir des enfants orthodoxes et hérétiques. Les parents sont de religion différente. Les premiers seuls héritent, les autres sont exhérédés. Si les enfants sont tous hérétiques, ils ne succèdent ni à leur père ni à leur mère ; un parent catholique de quelque degré qu'il soit les exclue ; s'il ne reste aucun parent orthodoxe, la solution ordinaire en pareil cas intervient : les fonctionnaires impériaux revendiquent les biens ainsi laissés en deshérence, et le fisc se les approprie (2). La même solution est donnée par la loi 19 dans

(1) Loi 18. Eod. tit. C.
(2) Loi 18. Eod. tit. C.

le cas où le père et la mère à la fois seraient hérétiques tandis que les enfants pratiquent la religion catholique ; les orthodoxes seuls peuvent hériter, recevoir des legs ou des donations, les autres sont exhérédés. Justinien rappelle encore que les parents hérétiques doivent des aliments à leurs enfants orthodoxes et sont obligés de doter leurs filles ou de faire des donations « *ante nuptias* » à leurs fils. La Novelle 115 (1) croit nécessaire de désigner les Nestoriens et les Acéphales comme devant, au point de vue successoral, subir le même régime que les autres hérétiques. L'impression qui se dégage de ces différents textes, c'est que l'idée bien arrêtée de Justinien était d'arriver par tous les moyens à l'unification de la doctrine dans son empire, et pour cela, tout en employant des moyens de coercition plus ou moins heureux, de faire appel aux intérêts pécuniaires en accordant une véritable prime à ceux qui embrasseraient la foi catholique. En effet, tous ceux qui sont désignés comme héritiers doivent déclarer qu'ils font profession de religion orthodoxe, et alors seulement ils peuvent entrer en possession de l'héritage. Dans l'intervalle qui s'écoule entre la mort du « *de cujus* » et le jour de l'adition d'hérédité, il leur est loisible d'obéir aux prescriptions de la loi, et il est probable que beaucoup d'hérétiques ou de païens ne se firent pas faute

(1) Chap. 5, § 14.

d'assurer qu'ils étaient bons catholiques, pourvu qu'on leur laissât les biens légués. C'était une récompense donnée à la mauvaise foi, alors que d'autres plus convaincus se virent, pour ne pas avoir voulu transiger avec leur conscience, privés des biens auxquels ils avaient légitimement droit.

Les testaments des soldats, faits dans les camps ou à la guerre jouissaient de certains privilèges. La volonté du « *de cujus* » exprimée d'une manière et en termes quelconques était valable ; toutes les personnes même celles privées de « *factio testamenti* » pouvaient hériter, exception faite cependant pour les « *Servi pœnæ* ». Justinien étend même à cette catégorie de testaments les dispositions concernant les héritiers ou le testateur hérétiques. En conséquence, les actes de dernière volonté des soldats, faits dans la forme privilégiée ou la forme ordinaire, sont nuls si le soldat n'est pas catholique. De même, ses héritiers doivent être orthodoxes ; ceux-ci ne peuvent même pas recevoir un *fideicommis* (1). L'hérétique ou le païen se trouvent ainsi assimilés à des « *Servi pœnæ* et plus défavorablement traités que les déportés qui, eux, ont la « *factio testamenti* », peuvent recevoir un *fideicommis*, et ne sont privés que du « *Jus capiendi* ». Et pourtant au point de vue pénal les Manichéens, qui sont les plus dure-

(1) Loi 22, 1. 5. C.

ment traités, ne sont en principe frappés que du bannissement ; c'est donc une singulière aggravation de peine qui frappe tous les non orthodoxes. Ce n'est pas suffisant encore pour arriver à cette espèce de mort civile qui s'adresse à certains d'entre eux. Plusieurs magistrats ayant, dans des procès, à recueillir le témoignage des hérétiques, et craignant de déplaire à l'empereur ne savaient à quel parti se résoudre. Ils en réfèrent à Justinien, et celui-ci leur répond en faisant des distinctions. Dans un procès élevé soit entre orthodoxes, soit entre un orthodoxe et un hérétique, le témoignage de ce dernier ainsi que celui du Juif ne doit pas être reçu. Quand il s'agit de procès entre eux, les hérétiques ou les Juifs peuvent servir de témoins. Il y a cependant certains des dissidents auxquels toute action en justice est interdite, et par suite les témoignages : ce sont toujours les Manichéens, les Païens, les Samaritains, les Montanistes, les Tascodroges et les Ophites (1). D'ailleurs, en ce qui concerne les testaments et les contrats, à cause de la nécessité des transactions, tous les hérétiques, même ceux qui sont le plus défavorablement traités, ont le droit d'y figurer comme témoins (2).

En 529, Justinien avait créé à l'avantage des femmes

____

(1) Loi 21. Cod. tit. C.
(2) Loi 21.

mariées, pour la restitution de leur dot une hypothèque spéciale grevant les biens du mari à partir du jour du mariage. Cette hypothèque, en 531, avait été transformée en privilége. Dans la Novelle 109 datée de 541, après avoir rappelé que les femmes ont la préférence même sur les créanciers antérieurs au mariage, tandis que pour les donations « *ante nuptias* », la date de l'hypothèque est celle de la donation, Justinien affirme qu'il n'accorde ces faveurs exceptionnelles qu'à celles qui font profession de foi catholique. En conséquence, celles qui se séparent de la vraie foi ne sont pas dignes d'en jouir (1). Si dans la suite une action est intentée par la femme ou contre elle, et qu'elle veuille jouir des priviléges accordés par l'empereur, les magistrats auront toute la latitude de s'assurer d'abord si elle suit la foi catholique, et de les lui accorder ou les lui refuser selon les cas (2). Il est bien entendu, semble-t-il, que la femme hérétique peut agir par les voies ordinaires pour la restitution de sa dot, et qu'on lui refuse seulement les faveurs extraordinaires de la Novelle 109.

La loi concernant les témoignages avait sans doute soulevé des difficultés dans son application. La Novelle 45 datée de 537 examine un point particulier concernant les hérétiques. Ceux-ci n'auraient pas sans doute été fâchés

(1) Nov. 109. Chap. I.
(2) Chap. 4.

de se voir soulagés du fardeau de la curie : puisque les lois leur interdisaient d'arriver à une dignité quelconque, ils trouvaient légitime d'être débarrassés de ces fonctions curiales qui étaient un fardeau plutôt qu'un honneur. L'empereur le comprenait, et c'est pour cela que dans sa réponse aux magistrats sur les témoignages, il n'oublie pas de dire qu'aucune religion ne doit dispenser ceux qui y sont astreints d'exercer ces fonctions : mais, par une injustice flagrante, il décide qu'ils n'auront que la charge de curions sans en avoir les honneurs ; ils paieront de leur personne et de leur argent, et n'en retireront aucun bénéfice. La seconde partie de la Novelle examine le cas où le témoignage d'un hérétique peut être admis en justice ; voici en quelle occasion. Plusieurs catholiques ont affirmé qu'ils n'avaient pas la fortune nécessaire pour supporter les charges qu'entraîne le décurionat. Des témoins ont été appelés, et plusieurs magistrats qui auraient pu s'appuyer sur le témoignage des hérétiques n'ont osé le faire à cause des termes formels de la loi. Justinien trouve leur scrupule exagéré ; puisque le catholique peut appeler en témoignage l'hérétique, pourquoi le représentant du pouvoir actuel ne le pourrait-il pas (1) ?

Par suite, quand il en sera besoin, le représentant du pouvoir pourra, pour éclairer sa religion, faire appel au

(1) Nov. 45.

témoignage de l'hérétique, du moment qu'il s'agit des intérêts généraux de la chose publique. Comme aux païens et aux juifs il est interdit aux hérétiques d'acheter ou de conserver des esclaves chrétiens.

Dans l'état de la dernière législation de Justinien, celui-ci, dans une Novelle insérée au Code sous la loi 19, dispose que, d'une manière générale, les hérétiques de l'un et l'autre sexe, non contents d'être dépouillés d'une partie de leur capacité civile, seront à tout jamais frappés d'infamie et de bannissement, leurs biens seront confisqués et ne pourront leur revenir par une grâce accordée, de telle sorte que leurs fils ne succèderont pas. Ceux même qu'on soupçonnera seulement d'hérésie devront faire acte de foi sous peine d'infamie, et après un an, s'ils n'ont pas satisfait à ce qu'on leur demande, ils seront déclarés infâmes et bannis (2). Cette fois Justinien est arrivé à son but ; il confond toutes les résistances d'où qu'elles viennent, et traite les hérétiques comme des ennemis publics dangereux en leur donnant le régime des Manichéens.

La révolte des Samaritains réprimée d'une si sanglante façon avait sans doute fait faire d'utiles réflexions à l'empereur, car dans deux de ses Novelles il s'occupe de la condition civile de ceux que les massacres des Arabes avaient épargnés, et qui vivaient dispersés dans certaines

(1) Loi 19, § 1, C.

villes de l'Asie-Mineure. L'évêque de Césarée, Sergius, continuant les traditions des grands évêques qui s'interposaient dans ces régions souvent troublées, entre le pouvoir et les peuples révoltés, a joué en cette occasion le noble rôle de pacificateur, en suppliant l'Empereur de pardonner à ses sujets, et se portant garant de leur fidélité future (1). Après avoir vanté son indulgence et en même temps son désintéressement, puisque le fisc n'a pas profité de la faculté que lui accordait la loi de revendiquer les biens des Samaritains décédés (2), l'empereur revient sur le passé, et reconnaissant que la tranquillité règne de nouveau, il modifie les dispositions du Code. En conséquence, les Samaritains ont le droit comme les autres citoyens de disposer de leurs biens comme ils l'entendront; leurs enfants hériteront *ab intestat;* ils pourront accepter les donations et les legs. Il y a cependant une restriction, et ici revient le système des faveurs accordées aux catholiques, c'est que si un Samaritain décédé laisse des enfants de religion différente, les catholiques seront préférés pour entrer en possession de l'héritage; de même pour les cognats héritiers (3). C'est un pas en arrière dans la législation, on en revient pour les Samaritains au système usité autrefois pour les hérétiques les plus favorisés; la

(1) Nov. 129. Chap Ier.
(2) Nov. 129. *Præ.*
(3) Chap. II.

12

loi est faite, non seulement pour le futur, mais pour le passé (1).

Ces bonnes dispositions de Justinien persévérèrent assez longtemps, puisque la Novelle 129 est de 551, et la Novelle 143 date de 572. Dans l'intervalle, il y eut peut-être des soulèvements populaires, peut-être l'évêque de Césarée n'était-il plus là pour plaider la cause des Samaritains; ce qu'il y a de certain, c'est que Justinien se plaint, dans le *Proemium* de la Novelle 143, de la résistance que font les Samaritains; ils n'ont pas été ramenés par la douceur, c'est pourquoi il se décide à remettre en vigueur les lois portées autrefois par Justin et par lui-même. Par suite, les Samaritains sont privés de tous les avantages civils que leur faisait la Novelle 129 au point de vue des hérédités et des testaments. Une nécessité politique fait cependant excepter des dispositions de la présente loi toute une catégorie de personnes : les colons. En présence de l'abandon presque général de certaines contrées de l'empire, l'empereur permet aux colons de religion samaritaine de léguer par testament leurs biens à leurs ascendants, leurs descendants, leurs parents, à condition que les héritiers continueront à cultiver leurs champs (2). De même ils peuvent hériter *ab intestat*; en cas d'absence d'héritiers

(1) Chap. IV.
(2) Nov. 143, Chap. II.

légitimes, c'est le maître de la terre qui succède au colon.

Il est bien entendu que les Samaritains ne peuvent arriver à aucune dignité, et qu'ils n'ont pas le droit d'enseigner. Ceux d'entre eux qui, après s'être fait baptisés, reviennent à leurs erreurs sont frappés de proscription. La loi spécifie même la durée de l'enseignement religieux préparatoire au baptême, il doit être de deux années. Ils ne peuvent avoir un esclave chrétien, et même si un de leurs esclaves vient à se faire baptiser, il acquiert immédiatement la liberté.

La Novelle 131 s'occupe d'un point de droit civil tout à fait particulier. Elle refuse à l'hérétique de prendre en bail ou er emphytéose des biens appartenant à l'Eglise sous peine, pour l'hérétique si la chose est connue trop tard, de perdre le prix qu'il aurait déjà versé. Le représentant de l'Eglise qui aurait fait le contrat sera enfermé dans un monastère. Le chrétien qui aurait donné à bail ou à emphytéose un terrain de ce genre à une des personnes désignées devra donner toutes les sommes qui lui sont revenues de ce contrat à l'Eglise de la cité, sur le territoire de laquelle ces biens sont situés. Dans le cas d'ignorance de sa part, il rentre en possession de son bien, mais dans l'une et l'autre circonstance, l'hérétique est expulsé de l'immeuble, et le prix qu'il avait pu verser est confisqué.

La situation des hérétiques dans le dernier état du droit romain paraît être en théorie fort simplifiée. L'infamie

atteint tous ceux dont les opinions ne sont pas formellement semblables à celles de l'empereur. De plus ils doivent être bannis. En est-il ainsi dans la réalité? Non sans
doute, car certaines villes de l'Orient auraient été vite
dépeuplées, et d'ailleurs, chaque jour voyait éclore une
hérésie nouvelle. Ce qui était aujourd'hui vérité pour
Justinien pouvait fort bien ne pas l'être demain. D'ailleurs
il se plaint sans cesse que des renseignements lui permettent d'assurer que des dissidents ont réussi à se glisser
dans l'administration; que même des réunions se sont tenues
jusque dans Constantinople; il recommande donc la plus
grande vigilance à ce sujet. Du reste, pour exercer une
sorte de contrôle, il adjoint les évêques aux fonctionnaires. Une chose curieuse à noter, c'est que dans la
liste assez nombreuse des hérésies, Justinien ne nomme
pas les Ariens.

Ce n'est pas sans doute qu'ils eussent disparu, eux qui
étaient encore nombreux et puissants au commencement
du règne; c'est qu'on ne les considérait pas comme dangereux. On peut donc supposer que, malgré les termes
généraux des lois qui semblent désigner tous les hérétiques, on se montra surtout sévères pour ceux qui, comme
les Manichéens, étaient considérés comme particulièrement
dangereux à cause de leurs opinions, ou ceux qui, comme
les Samaritains, avaient pris les armes et s'étaient révoltés
contre l'autorité de l'empereur.

§ III

JUIFS.

La place occupée par les Juifs dans les préoccupations du gouvernement romain nous paraît sous Justinien beaucoup moins importante que sous le régime précédent. Toujours établis dans les villes commerçantes de l'Orient, détestés par le peuple chrétien ou païen, ils ne trouvent pas toujours au milieu des émeutes populaires si fréquentes à ce moment, la protection qu'ils seraient en droit d'attendre des pouvoirs publics. En plusieurs circonstances, à Constantinople et à Antioche, on pilla et on incendia leurs synagogues, et nous ne devons pas oublier que Justinien croit devoir dans le Code adresser des menaces aux chrétiens qui se livreront à des excès contre eux sous prétexte de religion : il reproduit en cela les dispositions de la loi de 412, donnée par Honorius (1).

Du reste, on ne peut trouver dans le titre qui leur est spécialement consacré au Code, aucune innovation qui les concerne en même temps que les Cœlicoles, secte qui leur est assimilée au point de vue du droit civil. On pourrait donc dire *a priori* que rien n'est changé dans leur

(1) Loi 14, 1, 9, C.

situation. Et pourtant une modification profonde est intervenue dans la manière de traiter les sectateurs du Judaïsme. Justinien rompt avec la tradition qui consistait à considérer les Juifs comme un peuple ami établi dans l'empire : on a des traités avec lui, et on les observe. Justinien les voit tout à fait comme des sujets soumis même pour la religion, et c'est en vertu de ce principe qu'il intervient dans l'organisation intérieure de leur culte. On les oblige à célébrer la Pâque après les chrétiens, obligation qui va directement contre toutes les traditions religieuses du peuple juif. Dans la Novelle 146, avec sa manie de tout réglementer, l'empereur s'occupe des lectures de la Bible qui sont faites dans les synagogues, et permet aux Hébreux de faire leurs lectures en grec ; il indique même les versions qui auraient son approbation, par exemple celle des Septante. Peut-être espère-t-il que l'interprétation attachée à la Bible par les Pères, sera admise par les Juifs ? mais non, c'est simplement pour faire voir qu'il est souverain maître de la religion, et que sa mansuétude seule permet que les Juifs existent encore.

L'idée qui se dégage, c'est qu'il faut considérer tous les dissidents : Juifs, Païens, Hérétiques, comme soumis aux ordres de l'empereur, et si on fait des différences entre eux c'est que certains sont plus que d'autres dignes d'intérêt. Les Juifs ont la situation la meilleure de tous, et c'est pour cela que nous avons mis les Samaritains qui, après tout, n'étaient qu'une secte du Judaïsme, avec les hérétiques les plus mal traités.

Les Juifs ont leur organisation religieuse régulière : ils se livrent publiquement à l'exercice de leur culte, leurs synagogues sont ouvertes. Ils ont des tribunaux pour juger les contestations qui peuvent s'élever entre eux ; quand ils ont un différend avec un chrétien, la juridiction ordinaire est saisie.

Dans la vie publique, ils sont comme non existants au point de vue des dignités ; ils ne peuvent aspirer qu'à celles qui, comme le décurionat, sont une charge.

En justice, ils sont traités aussi favorablement que les simples hérétiques et plus que les Manichéens, les Samaritains et les païens ; ils peuvent témoigner, à moins que ce ne soit contre un orthodoxe. Les modifications de la Novelle 45 les regardent aussi. Les dispositions de la Novelle 131 concernant la location des biens de l'Église, les concernent également. Ils continuent à ne pouvoir posséder un esclave chrétien qui devient libre dès qu'il est acquis par un Juif, sans indemnité pour le propriétaire.

On ne sait pas, en présence des textes quelquefois contradictoires des lois de Justinien, dans quelle catégorie ranger les Juifs au point de vue du droit privé. Cependant, en général, on peut dire qu'il faut leur accorder tous les privilèges des autres citoyens et ne leur refuser que ceux qu'une loi formelle leur dénie. Après tout, ils sont vus d'un meilleur œil que les hérétiques qui n'ont pas le droit de se réunir, alors que nulle part on ne défend aux Juifs de fréquenter leurs synagogues ; on se contente de défendre la construction de nouvelles (1)

Dans les lois concernant les testaments des hérétiques, Justinien ne nomme pas les Juifs comme incapables de tester, de donner ou de recevoir par legs ou donations. Par contre il prend bien soin de spécifier qu'il leur est interdit, de même qu'aux Samaritains d'exhéréder leurs enfants pour cause de religion (2).

Le principe que les exceptions ne doivent pas être étendues nous fera donner la solution la plus favorable pour un point qui avait autrefois beaucoup d'importance dans les pays qui suivaient le Droit Romain. Il s'agit de savoir si dans la Novelle 109, Justinien, refusant le privilège dotal aux femmes mariées hérétiques, le refuse en même temps aux femmes Juives. La difficulté de conclure vient de ce que dans son Chap. Ier, parlant de personnes privilégiées qui sont exclusivement « *Quæ diligentiam habent rectam et adorandam nostram fidem tenere (catholicæ dicimus et apostolicæ ecclesiæ) et participari in ejus salutari communione* ». Ces termes paraissent bien exclusifs, et cependant un doute subsiste ; c'est celui

1) Loi 1, 19, 9. C.
2) Loi 15, 1, 5. C.

qui vient de la phrase suivante où le législateur désigne les personnes non privilégiées ; ce sont celles « *Quæ se separant* », ce qui indique qu'il s'agit de chrétiens dissidents, car enfin on ne peut pas dire d'une femme juive qu'elle se sépare de la religion catholique à laquelle elle n'a jamais appartenu. Comme la privation du privilége de la femme mariée doit être entendue d'une manière étroite et que c'est une mesure restrictive, nous n'hésitons pas à accorder ce privilége à la femme Juive, et peut-être même à la femme païenne, bien que visiblement la législation de Justinien soit plus défavorable aux païens qu'aux Juifs.

Les successeurs de Justinien, imitant son exemple d'intolérance, se montrèrent de plus en plus sévères pour les Juifs qu'Héraclius fit chasser de Constantinople. Nous n'entreprendrons pas de les suivre dans les pays qui vivaient sous le régime du Droit Romain, et où on les traita durement. Leur situation qui avait été exceptionnellement favorable du temps de la République Romaine, puisqu'ils étaient ses alliés, et jouissaient de libertés particulières qui leur avaient été concédées, resta à peu près stationnaire jusqu'au triomphe du christianisme. Alors seulement, les voyant dispersés dans les villes de l'empire et pour ainsi dire romanisés, bien qu'ils ne se fussent pas mêlés à la population, les empereurs chrétiens en arrivèrent peu à peu à restreindre leur liberté. Certains sont même allés jusqu'à dire que la Novelle, qui décrétait d'infamie tous les dissidents, visait aussi les Juifs sous le nomde « *Circum-cisos* ». Ce serait en tout cas la première fois que la législation romaine les désignerait sous ce nom ; il est donc plus probable que ce mot désigne une secte quelconque d'hérétiques qui pratiquait aussi la Circoncision. Malgré ce qu'on en a dit, les Juifs furent de tous les non orthodoxes les moins durement traités par la loi, et leur inégalité de condition avec les autres citoyens, à la différence de ce qui se produisait pour les hérétiques et les païens, fut toujours bien plus politique que civile.

CONCLUSION

Le grand principe qui domina toutes les religions antiques fut celui de leur nationalité et de leur exclusivisme.

D'abord restreinte dans la famille et la « gens », premiers groupements politiques des hommes, l'idée religieuse s'agrandit en même temps que le groupe primordial s'étend. La cité est née, réunissant sous les mêmes lois ceux qui adorent les mêmes divinités, tous ceux que rattachent entre eux le souvenir commun du culte des ancêtres et du héros fondateur. Rome, d'abord infime bourgade de l'Italie, arrive, par ses qualités propres qui sont une ténacité invincible et une suite extraordinaire dans les projets conçus, à dominer l'Univers tout entier. La cité de Romulus impose aux peuples conquis, en même temps que ses lois le culte de ses propres dieux, et toutes les nations vaincues n'hésitent pas à reconnaître comme leur souveraine religieuse et politique, cette ville protégée par des puissances supérieures, qui est partie de si bas pour arriver si haut, nous offrant ainsi un spectacle unique dans l'histoire de l'humanité.

La forme du gouvernement change, l'empereur arrive peu à peu à substituer son pouvoir à celui du sénat et des consuls. La législation qui, autrefois, n'était qu'une face de la religion, se modifie et tend à devenir purement civile. La paix règne dans tout l'univers civilisé et ne sera troublée, pendant plus de trois siècles, que par les attaques des barbares aux frontières et les compétitions des ambitieux au trône des Césars. C'est à ce moment que le christianisme fait son apparition et s'établit solidement dans cette société sceptique qui a besoin de croyances. Il renverse toutes les idées qu'on avait eues jusqu'alors sur la religion et le culte; il fait appel à toutes les bonnes volontés en déclarant le grand principe de la fraternité humaine. Jusqu'alors la religion était réglée par l'État, elle était pour ainsi dire un rouage administratif; elle se composait de pratiques extérieures, elle devient désormais essentiellement dogmatique et morale; elle avait été foncièrement nationale, elle sera universelle.

Le vieil esprit romain s'émeut; des persécutions sanglantes essaient vainement d'arrêter ce mouvement qui changera la face du monde, le christianisme triomphant arrive enfin au pouvoir avec Constantin, et le premier acte de son autorité est de proclamer la liberté de conscience, et de permettre à tous de vivre suivant leurs croyances. Le paganisme expirant tente vainement de réagir avec Julien et ne tarde pas à succomber. C'est maintenant le tour des dissensions entre chrétiens : puisque la religion se compose surtout de dogmes, il est pour ainsi dire fatal que des divergences d'opinion se fassent jour. Tandis qu'en Occident il convertit les barbares après la chute définitive de l'Empire Romain, le catholicisme voit se produire en Orient le schisme de Photius, et l'Empire Grec lui échapper.

Les empereurs successeurs de Constantin, loin d'imiter son exemple, s'efforcent de ressaisir l'autorité religieuse qui leur a échappé à l'avènement du christianisme. Les conflits entre l'Église et l'État sont de plus en plus fréquents. Les législateurs souverains poursuivent les croyances différentes de la leur, et en arrivent rapidement à frapper les dissidents, au moins en théorie, d'une véritable mort civile ; ils interviennent à tout propos dans l'organisation du culte ; ils veulent être maîtres de toutes les consciences et ne rencontrent guère de résistances que dans les évêques catholiques, énergiques défenseurs des libertés de l'Église et toujours prêts à s'interposer avec un noble courage entre les peuples révoltés et les empereurs tout puissants trop disposés à abuser de leur autorité.

L'édit de Milan, devançant l'avenir, allait contre le principe de la nationalité des religions : il ne subsista pas longtemps ; c'est ce principe qui, dans le droit civil ancien, nous explique l'exclusion de tous les droits, portée contre ceux qui ne faisaient pas partie du groupe religieux ; c'est encore lui qui nous fournit les raisons qui firent les persécutions, en même temps que la tolérance usitée envers les Juifs, et les déchéances des droits civils prononcées par les empereurs chrétiens contre les dissidents. L'empereur veille à l'intégrité de la religion comme de la patrie, et la religion fut toujours plus ou moins chez les Romains la personnification de la Patrie.

Vu par le Président,
GÉRARDIN.

Vu par le doyen,
COLMET DE SANTERRE.

Vu et permis d'imprimer,
Le Vice-Recteur de l'Académie de Paris,
GRÉARD.

PARIS. — IMPR. V. GIARD & E. BRIÈRE, ÉDITEURS, 16, RUE SOUFFLOT

9 782019 232474